U0628250

我辈岂是蓬蒿人

李白诗传

柳夏 / 著

中国华侨出版社

北京

前言 PREFACE

他，是诗仙李白。

他有"位列朝堂之上，为吾皇分忧"的志向，却干谒屡次碰壁，报国无门；他经历过盛唐的太平盛世，也饱受过"安史之乱"的战争苦痛；他游历四方、广交朋友，也贫困潦倒，受人接济；他曾供奉翰林，邀请满档，也曾身陷囹圄，凄凉不堪；他可以提笔成诗，也可以醉酒而歌……

他对自己的人生充满了自信："天生我材必有用，千金散尽还复来。"

他以饱满的热情去拥抱生活："人生得意须尽欢，莫使金樽空对月。"

他将自然景物描绘得淋漓尽致："飞流直下三千尺，疑是银河落九天。"

他在仕途坎坷、怀才不遇时愤懑："蜀道之难，难于上青天！"

他面对屈辱，不卑不亢："安能摧眉折腰事权贵，使我不得开心颜！"

他厌恶官场的虚伪和束缚:"焉能与群鸡,刺蹙争一餐。"

他踌躇满志,欣喜万分:"仰天大笑出门去,我辈岂是蓬蒿人。"

他是锦绣盛唐中一个璀璨的标识,是民族魂里永远活着的"谪仙"。他为后世子孙,造就了无数浪漫仙逸的梦境。而他的人生,更是一个浪漫而真实的传奇。

他秉承儒家"兼善天下"的思想,想"济苍生、安社稷",同时,他又接受道家遗世独立的思想,追求绝对自由。他还深受游侠思想的影响,蔑视封建秩序。其实,儒家、道家和游侠思想本不相容,李白却把这三者结合起来。他为了自己的理想,一生苦苦追寻。

他一路前行,一路感叹,一路豪饮,一路高歌,他的诗歌就是盛唐的魅力。他不仅创作、丰富了诗歌的艺术形象,更是用美不胜收的语言、丰富奇特的想象,把这些形象一一塑造成经典。洒脱豪迈的风格、清新飘逸的文字、磅礴的气势,为其"诗仙"之名做了最好的诠释。他的狂放不羁、壮志难酬、无奈苦楚、侠骨柔情,全都达到了极致。那些诗篇是性格与环境的造就,亦是命运使然,他注定要背负起一段时光。

如果说唐代是中国诗坛的顶峰,那么,李白则是顶峰上的一块坚石,牢固不可动摇。他的诗歌为世人吟咏,他的才情为世人景仰,他的一生为世人称颂,他是卓尔不群的大诗人。

目录

CONTENTS

我辈岂是蓬蒿人·李白诗传

第一章 少年意气与春争

谪仙下凡，文武兼修

打开历史长卷，穿越时光的洪流，望红尘烟云过处，数残红点点。那清冷筝琴，那月辉皎皎，那西山残阳，那潺潺溪流……

沏一壶香茗，品百态人生，墨香描画，拨开繁华，寻君一生路。

> 相逢红尘内，高揖黄金鞭。
>
> 万户垂杨里，君家阿那边。

开元盛世，民间一派祥和，圣皇的光辉照耀着五洲四海，也照耀着偏远宁静的青莲乡。青莲乡是山清水秀的地方，与山纠缠，和水交颈，是这繁华盛世里的一叶青莲。

开元，是繁盛的一个顶点，葡萄美酒醉了汉宫秋，夜夜灯宵美如昼，小民藏米万担，国家库存殷实，私人仓库也丰足。社会安稳，每一天都是吉日。

杜甫《忆昔》诗云："忆昔开元全盛日，小邑犹藏万家室。稻米流脂粟米白，公私仓廪俱丰实。九州道路无豺虎，远行不劳

我辈也是蓬蒿人 李白诗传

吉日出。齐纨鲁缟车班班，男耕女桑不相失。"这就是历史上的
"开元之治"，是中国历史上一段璀璨繁华的记忆。

　　唐高祖李渊建立了唐朝，结束了多年的战争，百姓也开始新
的和平生活，唐太宗李世民开辟了"贞观之治"，唐朝的发展进
入了一个崭新的阶段，而唐玄宗李隆基的"开元盛世"把唐朝推
向了辉煌的顶峰。

　　盛世，圣主，亦多圣贤。

　　唐玄宗李隆基用人不拘一格，敢于起用前朝老臣姚元之，并
对其青睐有加。在这样的朝代不会有人再担心是否有用武之地，
而是要充实自己的学识，为这太平盛世献上一份力。

　　圣皇的恩泽普照着青莲乡，青莲乡有一少年，踌躇满志，也
要立于朝堂之上，振威于四海之内。朝廷激辩，文采飞扬，为皇
上分忧，为百姓造福。

　　这少年即是后世传诵的"诗仙"李白。

　　人生百转，愿望会与现实异路，他当时不会料想到，他的
诗词会流传千古。他也没有想到，盛世流年没有成全他的一腔热
血，他的未来怀才不遇痛了千年。

　　微风徐徐，伤了梦，浸了酒，是什么让回忆可以这么甜、这
么美，却让现实充斥着无所不在的骨感。

　　溪水潺潺，漫了草，绕过山，在这个安静祥和的小山村里缓
缓地流淌，伴着李白的青葱光年。

　　我们了解一个人，总习惯追根溯源，在残梦中牵着先祖的碎
影。李白何许人也？

对于家世，古代文人极为看重，它被看作是一种隐形标志。出身钟鸣鼎食之家的，自然是殊荣；出身贫寒微末的，也总要追根溯源，找出一点儿华丽的牵念。

此种风气，李唐时期为盛，李白也未能免俗。他曾不止一次地暗示自己与李唐天子的宗亲关系。天子，是天命的尊者，带了天子的光晕，底气总是会强半分的。这件事真实与否，却留下了诸多疑惑。可越是无法定论的东西，越是令人着迷。

李白，在生命之初，就留下了不可参透的谜。

据唐朝李阳冰的《草堂集序》记载，李白乃五胡十六国之一的西凉国创建人武昭王的九世孙。隋朝末年，李白显赫的家族发生了一次变故，他的某一位祖先犯了罪，一家人只好背井离乡流落到西域的一个小镇，隐姓埋名，客居他乡。

多年的流浪终于盼到了归期。直到唐中宗神龙元年（705年），李白一家才从西域返回内地，在西蜀绵州的昌隆定居下来，并恢复李姓。

历史细节已经淹没在时光中，无从考证，只能留待后人兀自思量。

李白的父亲名客，有客居之意，说不清道不明的，有些悲伤的意味。定居昌隆以后，李客始终过着不求仕进的隐逸生活。远离红尘，也就鲜为人知，有了些神秘的色彩。

李客赋闲在家，他常常教孩子们读书，李白后来还回忆起父亲令他诵读《子虚赋》的情景。李白这位旷世奇才，大概就是在这位神秘的乡间隐士手中发蒙的。

关于李白的母亲，现在各种史料中唯一提到其母亲的，就是说李白出生时，她梦见长庚星坠入怀中。因此李白取名白，字太白。

这是一个带有神秘色彩的故事，给李白母亲的身份蒙上了神秘的面纱。世代流传，却无人可以捕捉真相。诸多谜题，等待着世人的追寻。而我们要追寻的，依旧是这位诗仙的传奇人生。所有看透，都是在迷惑里沉沦后的懂得。因此，当时当处当执着。

李白正是在沦陷红尘后，在世事的旋涡里打转挣扎，才得以让灵魂羽化成仙，练就诗骨仙风。

诗情画意的文人的生活梦想，却是缘分才能使然。是什么样的仙风傲骨造就了李白的一生？又是什么让他郁郁不得志？是那美丽的梦想还是那惊艳的时光？纵然一路拼搏得到的是苦痛与失望，他亦无悔于曾经血脉偾张地执着过。

他记得，某个骤雨的傍晚，天空像被蒙了一层灰白色的布，本是只能听见那窗外暴雨的声音，却被那映在窗纸上的身影吸引。

一阵风吹过，烛火一晃，刹那的昏暗后更加明亮。

他持剑挥舞，虽不是江湖大侠之风，却也如游龙戏海，翩若惊鸿，一翩翩佳少年，面若秋月，眉目疏朗，身躯亦不高大强壮，也不瘦小文弱，转身回首亦是顾盼生姿。

那一时，他是火山迸发后的熔岩，等待着淘尽人世悲欢后的涅槃。

明日绕着凉秋，他时而在口中滔滔吟咏："北冥有鱼，其名为鲲。鲲之大不知其几千里也。化而为鸟，其名为鹏。鹏之背不知其几千里也。怒而飞，其翼若垂天之云……"那声音清晰流畅，高低音停顿错落，声音不浓不淡，如庄子那般逍遥自在。

少年时的李白对科举这种制度算不上排斥，却也是不屑的。他觉得"贴经"是靠着死记就能写得好的，算不得什么学问，更是束缚人的个性，哪会有什么上乘之作。

这也正是他的父亲发愁的一点，儿子不屑于"进士"，又怎么食得君王禄，伴君左右寻个一官半职。

正思索着这些烦心事的李客感到院中有清明悦耳的舞剑声，他微笑着推开窗，见儿子正在练习剑术。儿子的剑术虽不高明，却有一股子神采在其身姿中幻彩发光。

一招一式间能见到少年眉眼中的英气。李客十分疼爱自己的儿子，不仅仅是因为读书刻苦的李白小小年纪就能作得好诗，五岁识字，十岁便能通读《诗经》《尚书》，还因着儿子的思想与众不同，颇有大家风范，更是遂了父亲的心意。

自从李客隐居至此，便将剑术荒废了，直到整理家中杂物的时候将自己的一柄祖传宝剑"龙泉"翻了出来，便一时心痒练了几招几式，不料被李白看了去，此后便每日缠着父亲教他练剑。李客没有理会儿子，不想却被李白这个精灵古怪的少年偷学了去。

渐渐地，李白得知了当今圣上求贤若渴的愿望，便萌生了位列朝臣的念头，这也是少年李白初次萌生的对于未来的梦想。

理想的种子渐渐在李白的心中发了芽，生了根。但是现实总归是现实，它和理想有着距离。

就这样，"位列朝堂之上，为吾皇分忧，与三公同朝"，成了李白最初的愿景，却也成了他最终的伤痛。

天资聪颖，才华初绽

时光让生命老去，也会赋予生命非同一般的意义。每一个生命的开始，也是一段未知命运的开端，或许当时的李客并没有想到，"李白"这两个字，会在历史的光阴流转中传承下来，成为流传千古、家喻户晓的名字。他成了锦绣盛唐中一个璀璨的标识，成了民族魂里永远活着的"谪仙"。他为后世子孙，造就了无数浪漫仙逸的梦境。而他的人生，更是一段浪漫而真实的传奇。

李白在诗中从未提及自己的母亲，所以他母亲的身世也就是一个谜一样的存在，蛰伏在每一个关注李白的思想里。

谜，是一朵有灵性的花，会在人们的思索里，展现各色美态。人们不禁会想，是否就有这样的一位女子随了李客，然后孕育出了半个盛唐的见证人呢？李白的那双明亮的大眼睛又是否来自他的母亲？然而岁月埋葬了诸多真相，留下了诸多亘古的谜题。这一切的一切，唯有时间才知晓。

李白的兄弟姐妹很多，其中有一个名叫"月圆"的妹妹。

李月圆比李白小两岁。相传她是个貌美娇俏的才女，儿时月圆和李白一起跟父亲读书，平时自己也喜欢吟诗作对。偶尔妹妹月圆还会比李白略胜一筹。

相传李月圆年轻时，为代哥哥李白尽孝，虽许配人家，但留而未去，于是李白为妹妹建造了粉竹楼作为绣楼。

李月圆死后，就埋在陇西院后的山坡上。《彰明县志》记载："李氏月圆墓，县西十五里天宝山陇西院旁，道光八年培修。"

在墓前不远的地方，有一方石刻，上面的诗句让人回味：

> 阿兄文坛早蜚声，妹冢亦存输社名。
> 畊读并传民意重，太白月圆共长生。

纵使今生不复相见，兄妹情意长生于天地。

李白的父亲李客是一位小有名气的才子，而他的母亲似乎毫不逊色。那是在李白只有三岁时的春天，一家人坐在院中正观赏着满园的春光美景，李客随口说出了"春国送暖百花开，迎春绽金它先来"。

而李白的母亲则微笑起来："火烧叶林红霞落。"在李树下玩耍着一朵白色李花的李白似是无意地举起白花："李花怒放一树白。"那时的李白只有三岁。时光流逝，李白慢慢长大了。尽管他没有表现出比其他小孩更加突出的才能，但是父亲还是把早就准备好了的桑弧蓬矢挂在了屋前，希望李白他日可以大展宏图，不要像自己一样隐居在这里过一生。

任何事物都像是有着既定的轨道，井然有序地走向自己的繁华、衰败，抑或是平凡。

盛唐皎洁的月光照耀着一寸寸光阴里平凡或不平凡的故事，然后陈酿出独特的历史味道。

孩童的世界里总会充满奇异和浪漫。小时候，李白听到大人关于神仙的谈话，他说："月亮就是神仙的镜子，那些神仙还时常会照镜子。"

听到月亮中有月兔在捣药，李白就会马上问那些药是给谁吃的，还自言自语地说："给我吃哩！蜜蜜甜！"说着还咂咂嘴。

母亲笑着摸摸这个调皮的孩子的头发，嗔怪他又在扯谎了，但是在旁边的奶妈却说："我带的娃娃从不扯谎。小孩家多半说起风就是雨，长大懂事了，自然就不会这样'神说'了。"

但是，随着时间一年一年地流逝，李白的"神说"却完全没有停止。

当父亲教会了他司马相如的《子虚赋》，他就会说自己看见了远在千里之外的云梦大泽。他还能够清楚地说出那里的山石花草是什么样子，恍如那梦境，是他真实到过的地方。而读过《楚辞》和《庄子》以后，他就更加"神神叨叨"了。

每当李白远眺群山的时候，总会说从雾霭中看见了"若有人兮山之阿，被薜荔兮带女萝……"而当他漫步在波光潋滟的江边，他又会有"帝子降兮北渚，目眇眇兮愁予"的想法。年幼的李白，迷恋在一个又一个古老而仙逸的幻境里。

父亲李客对李白的幻想感到不解，可是他却没有想到，正是他教给儿子的那些古人典籍为儿子插上了想象的翅膀，让儿子有了各色古怪的幻想。

儿时这样的经历，也正契合了后来李白创作的大气磅礴、想象丰富的诗篇。是性格与环境的造就，亦是命运使然，他注定要背负起一段盛唐繁华时光。

李白是受后世瞩目的星光耀眼的才子，幼时，他同样和其他孩提一般，有烂漫活泼的童年。

小时候的李白很淘气，和很多小孩子一样，不喜欢大人们强加的学习任务，更喜欢自由地去游戏。但一次非同寻常的见闻，却让他有所顿悟。

一次，李白偷偷地从无聊的课堂溜出来到河边玩耍，他看见一位老婆婆在石板上磨着一根粗大的铁杵。李白的好奇心油然而生，便兴致勃勃地跑上前去问婆婆在做什么。

然而婆婆的答案却是令人费解，她竟要将这样的一根铁杵磨成绣花针！

在李白难以置信的眼神中，婆婆轻轻地说道："只要功夫深，铁杵磨成针。"

这件事触动了李白的心灵，让他有所顿悟。

李白收起到河边戏耍的想法，对婆婆道了谢之后，就跑回了学堂。

功到自然成！这故事在光阴里传承了下来。今时揭开，我们看到了神秘之下的奇光异色，有人说那位老婆婆是天上的神仙，下界来点化李白的。

且不论传奇的真实与否，这个故事揭示的是一个朴素而永恒的道理，那就是坚持。

正是这样的一个契机，让李白真正明白什么叫作恒心、什么叫作坚持。这才有了李白后来的刻苦读书，泼墨成诗。

在李白十五岁的时候，远方来了一位客人，这位客人引起了李白极大的兴趣，这位客人在青莲乡的这一个多月，李白几乎是每天都紧随左右。在这些日子里，李白似乎忘记了他平时喜欢的那些游戏和玩乐，整日缠着他还嫌不够。

这位客人究竟有哪些地方如此吸引李白呢？自然是见多识广的心胸和滔滔不绝的文采。他不仅见识了开元盛世的崛起，更有着精忠报国的决心。和他在一起的时候，李白总是感觉笼罩在一种绮丽的华光中。

这样一位文采斐然、见识广博的客人，更是让李白的心思开阔了许多。本来就爱幻想的李白找到了更多源源不尽的灵感。渐渐地，他对外面世界的好奇和憧憬更加深切。他仿佛能听到心底强烈的撞击声，他渴望去见识一个繁华而锦绣的世界。

明明是一堵墙，墙角长满了青苔和未知名的花朵，可是他的心中仿佛已经看到了墙的另一边广阔天空和壮美山河，即使他仍不知道那种花的名字。

繁华的京城长安，古香古色、蔓延着云霓的东都洛阳。万籁俱寂的夜晚，萤火虫和暖暖的夜光带来的浪漫，肃静幽寂的山乡，奏着《秦王破阵乐》的骁勇战士……那里，是如仙如幻的繁华境地；那里，富贵遍地开花，盛景在流年里不曾衰颓。

当访客告别时，他激动地对李客说道："令郎绝非池中之物。"李客笑着答道："青莲乡或许对他来说真的有些小了。"命运是个神奇的东西，也许从生命的开始便为传奇埋下了伏笔。

纵使山水波折，每一个人，都将到达属于自己的彼岸。贝多芬是为音乐而生的，即使命运多舛的他丧失了听力，但他还是孜孜不倦地在音乐的世界中创造自己的天空；梵高因为不受人们的赏识，最终走向了自残的道路。但是后人却无法否定，他那独有的细腻狂野的笔触和色彩的配合，并不是仅仅努力就可以做到的。在他的生命开始之时，涓涓流淌在他的血液中的，便是艺术。

李白的生命中，无疑是被嵌入了诗的灵魂，还有一个朝代的气魄。命运锻造了他放浪不羁的性情，而豁达与经历，无疑是造就了他的诗文与众不同的原因。"十五观奇书，作赋凌相如。"李白的才华，绝对是担得了此言。强烈的渴望呼之欲出，李白知道，是时候出去见识一下在这个小村庄里他所见不到的风景了。

于是，随着岁月的风雨交替，李白便开始了生命的流转。其实从幼时，李白就有了举家迁移的经历。现在许多人仍旧不明所以，不知道几代生活在碎叶城的李家为什么会东归回内地。或许是因为李客早就知道自己的儿子会大展宏图，这也算是神说了。

那是一次艰辛的迁徙，旅途中满是马蹄和骆驼的声音。碎叶城虽然是李白的出生地，但青莲乡却是李白的故乡。那里承载着李白成长的记忆，连地名都带着李白式的浪漫——漫坡渡。这里的水是那样清，远远地看去似云气蒸腾似的，有些淡淡的白雾，天和水是不大分的……举目是一片淡黄色的树，夹杂着一些青竹，有些缥缈，有些空虚。

虽然是第一次离开家乡，但是李白好像天生就能适应这样的生活，那时的艰苦没有带给李白任何不好的回忆，他反而是那样的兴奋，再次萌生了远游的愿望。一开始，他先是在附近的一些小州县逛了逛。随后又去了锦州州治所在的巴西、龙州州治所在的江油、剑州的"一夫当关，万夫莫开"的剑门……就这样，渐渐地，李白走过很多地方，寻过一些故事，也经历了真实的人生。在风风雨雨的人生路上，他渐渐地丰满了自己的羽翼。随之，他生命的疆界，便更加广阔了。

别师远游，风光尽览

犬吠水声中，桃花带雨浓。

树深时见鹿，溪午不闻钟。

野竹分青霭，飞泉挂碧峰。

无人知所去，愁倚两三松。

春色总是有一种欣欣向荣的柔暖。微风吹拂着水面，漾起细细的波，声声犬吠，在春色里撒欢儿，露珠在春光里晶莹闪耀了一下，便倏地滑过了桃花粉色的蕊，带走半片芬芳，留作回忆。

这清美的诗，是李白的《访戴天山道士不遇》，本是一处幽寂的湖光山色，却被带上一层模糊的伤感。幽幽的，带着春光笑意，又带着半抹忧愁。正如他彼时的青春韶华。

又是一年春好处，十八岁的李白听闻便在绵州东南部的梓州，拜会了一位叫赵蕤的人。

赵蕤，字太宾，居住在梓州郪县城外的长平山上，人们称其为"赵处士"。赵蕤年轻时立志要经国救世，曾访察民情到过很多地方，但是在应试屡次不第后便放弃了这个愿望，从兼济天下变为独善其身。

赵蕤在隐居后，最大的乐趣就是著书。在李白拜会之际，他刚刚完成了关于王霸之道的《长短经》。开元盛世，正是唐朝繁盛之际，赵蕤曾多次受邀回朝廷做官，但是年过半百的赵蕤已经自由惯了，便没有接受。于是便有了"赵征君"这个称号。许久以来，李白对这位盛世中的隐客十分仰慕，然而李白拜会过赵蕤后，对其更是佩服得五体投地。他的才华，他的品学，他的情操……都让李白十分敬佩。

赵蕤的院子中养了上千只五颜六色的鸟。鸽子、鹦鹉、喜鹊、画眉应有尽有。他对待鸟儿，就如同老朋友一般亲切。他还给每一只鸟儿取了名字，每次叫出名字，就有鸟儿前来啄食。可见他对这些鸟儿的喜爱。赵蕤久处山林中，心思已与这自然中的万物生灵融合在一起了。也或许因此，高官厚禄对于他来说，已在这可爱的鸟儿面前失色，人世喧嚣，淹没在了鸟儿的啁啾里，难有半分入襟怀。

赵蕤不仅性情洒脱、随和，剑术也着实不错。而且上晓天文，下知地理，三教九流甚至是麻衣神相他都无所不知。互相赏识让他们彼此更为默契。赵蕤非常欣赏李白这个洒脱不羁的弟子，他甚至可以预见李白非同凡响的作为。

赵蕤开始教授李白学习《长短经》，而李白渐渐成为他训练珍禽的得力助手。

闲暇时，他们临风对月，把酒问天，好不自在。时光倏尔划过，岁月悠然静好，一段时间过后，两个人就成了忘年之交。

赵蕤的《长短经》共有六十三篇，合为十卷。书中主要是以谋略为经，历史为纬。陈述了国家兴亡、权变谋略、举荐贤能、人间善恶四个方面。

李白师承赵蕤一年多，赵蕤将自己的文韬武略悉数传给了李白。赵蕤的传教方式也很不一般，他不是找些书叫李白死记硬背，而是两个人坐下来研讨一些人物历史，品评那些历史的兴衰和历代杰出的英雄人物，他们都喜欢历史，更爱那些英雄，喜欢那种豪气。

时间久了，李白自然就记下了那些贤人辅士的事迹和名字，心中也沉淀了自己的一些想法和思路。渐渐地，李白便在心中为自己勾勒好了未来：功成、名遂、身退。正如管仲，辅佐齐桓公九合诸侯；正如不辱使命的程婴，带着赵氏孤儿报仇；正如张良为刘邦决胜千里之外；正如诸葛亮鞠躬尽瘁保蜀国……

这些成功的名士是李白心中最真实的梦。可是，该如何让梦想走入现实呢？

赵蕤用自己的经历真实地验证了，若想要崭露头角并不是什么容易的事情。对考取进士这种事情也是嗤之为"赚人术"。进士这种尴尬的地位，虽然谓之"白衣公卿"，但难有似锦的前程。且不论考取进士有多么艰难，就算考上了，也是将自己的文采性情都隐藏，然后循规蹈矩、焚膏继晷、兀兀穷年一辈子，多少风流不羁的才子败在了进士脚下，到那时，所有的激情和文采，便都淹没在功名的浮华里。

李白并不想在他激情满怀的时候，被阻断了梦想，所以他向师傅请教除了科举以外的方法，希望可以功成名就。

赵蕤清楚现在的世道，开元盛世，天子的开明也是需要人来辅佐的，招贤纳士一定并不局限于科举这种制度。只要有五品以上官职的人赏识并看重李白的才情，那么他出人头地的未来便有了保障。

而如何赢得举荐呢？李白抢过老师的话："读万卷书，行万里路。遍干诸侯，历抵卿相。"

师徒二人相视一笑，便作为饯别又痛饮了一番。酒，让他们忘记了不悦，充满了豪情。

赵蕤教给李白的不仅是他的满腹睿智，更是给了他希望的种子。他让李白带着自己年轻时未实现的梦，去闯出一片天地来。他的儒家风范和豪侠性情都深深地影响着李白。那时，人们还对其二人冠以"蜀中二杰"的称号，人称："赵蕤术数，李白文章。"

那夜，李白在梦中，化作大鹏，展翅飞向了浩瀚的天空。

开元八年（720年），盛世太平，盛唐一片锦绣和繁华。那一年，李白二十岁，正是青春韶华，他意气风发地来到了成都。唐朝的成都是益州的首府，也是剑南道大都督府所在地。剑南道有三十多个州，岷江从岷山出来，分成了内外两江。

流经成都平原的岷江活像是系在腰间的两条飘带，恣意蜿蜒，又格外壮美。峨眉山就矗立在成都的正南，像是一道美丽的屏风横亘在华夏大地上。就如同李白《听蜀僧濬弹琴》中所描摹的一般，"蜀僧抱绿绮，西下峨眉峰"。晋傅玄《琴赋序》中讲到过："楚王有琴曰'绕梁'，司马相如有'绿绮'，蔡邕有'焦尾'，皆名器也。"

山水在诗人的笔下，点染成了一片仙境。而读过诗的人，对蜀山更加向往，"为我一挥手，如听万壑松"。大气磅礴，就像李白的心胸。那位名叫濬的蜀僧为李白弹奏的乐曲，带着李白进入了一个奇异的世界。云气缭绕、雾霭重重，远处似有七色光芒闪烁在天际。在这胜景里，李白被迷醉了，也许，这就是仙境吧！

耳畔的琴声仍旧绵延不绝，带着净涤的情怀容纳了每一位有缘的萍客。深山被夜色染上了浓墨，古刹中传来声声钟响，宁静悠扬，在深山中回荡。

一曲终了，不见了蜀僧。万物来去，都是一种缘分，所以李白并不急迫，只是自顾自地欣赏这蜀山的风景。蜀山是仙山，最出名的当数峨眉山，而关于这座山上的神明之说更是不可胜数，从小便挚爱神仙之说的李白更想与骑羊子同游仙山。骑羊子是传说中的神仙葛由。据说葛由喜欢雕刻木羊，而那些木羊再经他吹口气后又都变成了真正的羊羔，但是当有人想要向他学习仙术时，他却不见了。

李白来到这蜀中，他渴望在这仙隐之地追逐他们曾经的气息，亦渴望能如名士一般成就不平凡的人生。

成都的历史悠久是仅次于长安的，号称"天府"的成都不只是个称号而已。沃野千里，横亘古今，人才辈出。司马相如以他的经国大略让帝王青睐；杨子云也以他贯古博今的才华名垂青史；严君平的术数更是令他成了神一般的人物。

成都的气候温和，四季花开不败，翠树常青，山峦要么高耸入云，要么温秀仙名。那山间长青的松柏和高大浮云的楠木，漫山遍野犹如心中的桃花源。

春天，柳树枝条垂入水中，随水逐流；夏天，荔枝、桂圆成熟，南国风光并无任何违和感，怒放在这满季的繁华里；秋天，桂子飘香，直达千里外，树上的果实用娇艳欲滴的颜色告诉人们它的美丽；冬天，梅花争先欲开，一开就是一片片，不像油菜花般漫山遍野，但也似美人一般"犹抱琵琶半遮面"。

成都的奇珍异兽也是不在少数的，翡翠鸟娇小可爱，锦鸡则艳丽高傲，画眉声声婉转动人，犀象和猩猩并不是随时随地都能见到的，甚是珍贵。传说古蜀国始祖望帝化作了一只杜鹃鸟，每到暮春季节，便从午夜叫到天明："快黄快割，快黄快割……"直到口中流出鲜血，化作了漫山遍野艳丽红艳的杜鹃花。

那些美丽凄婉的传奇，让蜀中山水更显奇美。

唐朝的长安有一百余坊，而成都同样也有一百余坊。长安分有东市和西市，成都亦然。只不过成都的西市叫作少城，也就是小城的意思，大致是城中之城吧。这里像是山川峰峦一般层层叠叠，大街中有小巷，小巷中夹着大铺档和小摊位。不仅有各种各样的玩具、小吃、土特产，更是有奇珍异怪的各种各样说不上来的东西，总会吸引人们驻足观赏。

集市上的人熙熙攘攘、摩肩接踵，好不热闹，有西域来的商人，也有从番邦来的侍女。成都这样美丽壮观的自然景观，浓郁的人文风情，怎能不吸引李白前来游玩驻足？

这个神往已久的历史古城果然与众不同，也不枉李白从梓州辞别赵蕤之后特地绕路前来游历。

许多人想行云流水过一生，却总是风波四起，劲浪不止。

满腹才华，比肩相如

生命中的每一个契机，都是不可多得的缘分。

相距成都这座古都还有四十里的时候，正巧遇到礼部尚书苏颋，其正前往成都上任，出任益州大都督府上的长史。李白听说后，兴奋溢于言表，对于这个苏颋他早有耳闻，他不仅是朝廷要员，敕封许国公，更是著文无双。苏颋和兵部尚书燕国公张说齐名，并称"燕许大手笔"。

结识朝廷命官的良机，李白怎么能够错过呢？这时李白完成《明堂赋》《大猎赋》没多久，刚好带在身上，正好求见这位长史大人。

他走到驿亭求见并呈上二赋，等了片刻，便听见一人叫他："长史大人有请！"李白到了驿亭，看见一人坐在亭中最中间的位置，绫罗绸缎、威而不猛，颇有大家风范，而他的手中正拿着李白刚刚呈给他的文章。

李白行过礼以后便被邀请坐下来，苏颋面带微笑简单地问了李白几句，便对他的下属说道，这个年轻人十分有才气，看他下笔不休，洋洋洒洒，千有余言。通过祭明堂，猎渭滨，将我大唐国威写得有声有色。苏颋对李白说："此子天才英丽，下笔不休。虽风力未成，且见专车之骨，若广之以学，可与相如比肩也。"李白听后很欣喜，谢过苏颋后便谦虚道："那司马相如只是写得一手好文章，汉武帝也不过是以俳优畜之。晚生不才，窃以为大丈夫志在经国济世，进不能为管、葛，退亦当为鲁连。诗文乃余事耳！"

言外之意，李白虽欣赏司马相如的文采，但是却更希望做对国家社稷有用的人，诗文歌赋只是娱乐而已。

苏颋听到这样的豪言壮语更是欣赏，只觉得这个年轻人意气风发，将来必成大器。便告诉他，当今天子任人唯贤，需要的就是德才兼备的人才，等到自己上任后便上表举荐李白，让李白先在成都的驿馆住下，等候消息。

苏颋的嘉奖算得上是对李白的肯定。李白的才学得到了充分的肯定，对他也是一种激励，让他更加努力。

"设太白不经苏颋之赏识，或将终其身不出夔门，蛰居蜀地，度其豪奢生活而未必以诗鸣。经颋之鼓励，太白方自觉为可造之才，而志气益加恢廓。于是'以为士生则桑弧蓬矢，射乎四方，故知大丈夫必有四方之志，乃仗剑去国，辞亲远游，南穷苍梧，东涉溟海'……"

才情兼备的李白得到赵蕤和苏颋的赏识之后成长了不少，不像以前那般目中无人、自大狂妄，而是成长为一个胸怀经国之才、以辅佐天子为理想的有志青年。不论是漫坡渡的宁静，还是成都的繁华，都已经束缚不了他那不羁的灵魂了。他从不专属于何处何人，他永远都是天地之间最洒脱的诗人。

李白已经在为他的雄心制订计划和做准备了。他早就下了决心，要用自己的满腔热血和才情过人的学识为大唐谋得更繁华的未来。

听到苏颋的话，李白自然是大喜，千里马刚刚挣脱缰绳，就遇到了自己的伯乐。一个光明的未来，正徐徐开启。

高兴之余，李白还想求苏颋指点，忽见从僚属中走出来一个人，说明来由，原来是来接即将上任的长史大人。

李白不好再追问，只好起身告辞。不料自己却被来人叫住，经问话知道李白是商人之子，其表情便呈现了浓重的鄙夷之色，随即口吐粗鄙之词。那声声辱骂像是一盆盆脏水，泼向李白，李白来不及辩解，便被两个侍卫架了出去。

王侯将相宁有种乎？姜尚辅佐周文王之前不还是朝歌的屠户、渭滨的钓叟？傅说在辅佐殷高宗以前，不也只是个筑墙的工匠？……这些人不也都是"工商贱民"？

苏颋是位大度量的人物，定能明白其中道理，李白也就没做什么争辩，翻身骑上马儿，驰骋而去。

来到成都正逢二月仲春，到处是盛开的花朵和摩肩接踵的行人，好不热闹。繁华的胜景吸引了李白的目光，他决定好好地游历一番，也不枉此行。

隋朝的蜀王杨秀曾建了一所散花楼，就在成都的东北隅。金碧辉煌的楼亭高数十丈，登上最高的一层，大有"一览众山小"的豪情，眺目远望，美景无限，美丽巍峨的山脉，波光粼粼的江河。无限壮美的景色尽收眼底，心中的烦忧便也在瞬间化成了碧空中的轻云，随风而逝了。

《登锦城散花楼》中就真实地记载了李白登上散花楼之后所见到的美景和当时激动的心情。

这眼前万物，激荡于胸，随着天地间的风云流转，便化成了芳馨墨迹。乘着快意的心境，李白又游访了司马相如的抚琴台、扬子云的草玄堂、严君平的卖卜处，当然还有诸葛孔明的祠堂，其是他心中的楷模，自然是崇拜有加。

"读万卷书，行万里路。"蜀就是行万里路的起始，一个华丽的开端。李白望向未来的光明，却依旧难以预料明日的路途，他唯一能做的，就是走好今时脚下的每一步。年方二十的李白身着青衫、腰佩宝剑、仗义疏财，一诺千金的他一路上结识了不少豪气的朋友。

峨眉山上的僧侣曾用一曲琴音给予李白天籁般的享受，那是一个契机，李白开始钻研音律，迷上了音乐。它总能表达心中很多想说又说不出的心情，正如古琴的清远悠扬，李白的心情也会随着琴音净涤干净。

音乐，在李白的生命中标注了不同的音符。他从小就受到音乐的熏陶，西域人都酷爱音乐，这不可能不影响到他。毫无疑问，蜀僧的琴音也带给了他很多从未感受过的心境。李白后来琴艺大进也让许多朋友为之折服，其也算是李白的一个很好的怡情的方式。

俗话说："峨眉天下秀，青城天下幽，蜀道天下险，三峡天下奇。"这次游历给李白留下了深刻的感受。

秀丽的山川风光在李白的心中凝聚了一股浩荡之气。

"峨眉山月半轮秋，影入平羌江水流""树深时见鹿，溪午不闻钟""江行几千里，海月十五圆"……一句句豪情万丈的诗潇洒地被李白咏出。秀丽壮美的风景固然美好，但是，在时光的荒野之中，它们盛放在锦绣的大唐，又遇见了这个浪漫倜傥的才子李白，亦可以说是那一片风光的幸运。

李白的精彩诗作，像天空中的一道绚丽的七彩光，照向了川西平原，慢慢地传遍了整个巴蜀。

路的前方是无尽的繁华与精彩，每向前一步，便又见得一分精彩。但是，李白的双眼，并未被欲望与期待迷乱。他时而会静静回望来时的路，他清楚地看到自己的进步，便更踏实地走下去。成都、峨眉、巴东三峡这些经历过的地方都化作灵魂的甘霖，让李白能够恣意舒展他的情怀。

旅行，是一种无法替代的成长，所以许多现代人都渴望远赴一场特殊的旅行，去追寻自己未知的灵魂，去见识不一样的世界。旅行给予了李白特殊的生命意义，也丰富了他的见闻，不光山川美景，还有风土人情，不光是美好的故事，也有令人愤怒的见闻。

一次，彰明县发了洪水，一位少女死在了洪水中。当地的县令听闻此事却没有丝毫的同情心，反而吟起了诗来："二八谁家女，漂来倚岸芦。鸟窥眉上翠，鱼弄口傍珠。"李白听到后非常反感，对这个酸腐的官吏充满了鄙夷。

更让李白倍感诧异的是，美丽的阳光，依旧无法照耀一些阴暗的死角，在繁华的盛世下，竟然也存在这样的丑恶现象。

年少轻狂，干谒碰壁

　　时光荏苒，倏然滑过。转眼间，一个月已经过去了。风光已经见识了不少，满腔豪情也如那壮美风景一般辽阔凛然，他渴望将满腹才华展露在大唐盛世的光辉之下，然而，世事常常不遂人愿，李白曾去过几次大都督府，都无功而返。希望的烛火一次一次被点亮，又静静地一次一次熄灭。挡住他的，是一道厚厚的围墙，而比这围墙更坚固的，是权位。在这警卫森严的官家宅邸之外，见到位高权重的人，对于李白这个毫无家世背景的人来说，并非易事。所以别说什么长史大人，就连府中的佐吏都见不到。

　　李白不再对这位长史苏大人抱有幻想，但又不愿无功而返，所以李白另辟蹊径，决定去千里之外的渝州。

　　渝州州治是座山城，益州是古时候的蜀国，而渝州则是古时候的巴国。这里是长江和嘉陵江交汇的地方，也是个码头，但是繁荣远远不及成都，但也正是因为未见繁华，才更多了一种宁静之感。这里的山水，更有一种禅的味道。

　　这里有一位鼎鼎大名的文坛巨匠，他就是李邕，那时李邕是渝州刺史。为了能够求得半分赏识，李白尽数施展才华——著诗文。

那时候这种普遍的做法被叫作"干谒"。这一次干谒，可以说成就了李白，也成就了唐诗。李白当时作的诗，便是从古至今一直奉为经典中的经典的《上李邕》。

> 大鹏一日同风起，扶摇直上九万里。
> 假令风歇时下来，犹能簸却沧溟水。
> 世人见我恒殊调，闻余大言皆冷笑。
> 宣父犹能畏后生，丈夫未可轻年少。

大鹏终有一日能同风一样飞起来，并且借着风力直到天上九万里高。即使那只大鹏停下来休息，也能将那沧海之中的水摇晃得颠荡不止。

大鹏是《庄子·逍遥游》中的神鸟，传说这只神鸟其大"不知其几千里也""其翼若垂天之云"，翅膀拍击水面可激起三千里的波涛，扶摇直上，可高达九万里。大鹏鸟是庄子哲学中自由的象征、理想的图腾。

诗中非常明显的朝气便是李白自己身上带有的气息，也是其当时的想法。李白心中充满了浪漫的幻想和宏伟的抱负。在此诗中，他以"扶摇直上九万里"的大鹏自比，这只大鹏即使是不借助风的力量，以它的翅膀一扇，也能将沧溟之水一簸而干，这里极力夸张这只大鸟的神力。从北冥出发，展翅高飞，水击三千里，扶摇而上九万里，绝云气，负青天，一直飞向南海。这只被庄子的生花妙笔所创造的极富个性色彩和浪漫情调的大鹏，不屑与世俗同流合污，有着与寻常鸟类无法想象的抱负和能力，这无疑对李白产生了很大的影响。他寥寥几笔，就勾勒出一个力簸沧海的大鹏形象，也是年轻诗人自己的形象。这样的豪气爽朗，这样的阳光，具有一种青春的冲击力。很多人喜欢李白的诗篇便是从它开始的。明媚的阳光都不会有他的气场夺目耀眼。

紧接着，李白又说："世人见我恒殊调，闻余大言皆冷笑。宣父犹能畏后生，丈夫未可轻年少。"世人都说我唱着与他人不同的高调，听到我的豪言壮语也是嗤之以鼻。孔夫子也曾说过"后生可畏"，为什么大丈夫要轻视年轻人呢？

梁启超曾说过："少年智则国智，少年富则国富，少年强则国强，少年进步则国进步。"而李白这种积极向上、桀骜不驯的性格也在很大程度上反映了那个朝代精神勃发的现状。

朝阳依旧迫不及待地从山尖探出最明媚的阳光来探索整个世界。那样美丽的阳光也同样存在于李白的内心。没有被整个朝代渲染的氛围，又怎么会有这样炽烈的人生梦想？

现代研究唐士人家的人的家里，案头总会有一本由李善所注的《昭明文选》。而当时也流行一句口头禅："文选烂，秀才半。"可以看出李善在唐代有着怎样的地位。而李邕就是李善之子。

书香门第，名门世家，使得李邕受到了良好的教育，最终青出于蓝而胜于蓝。

不仅在学问上，性情上，李邕也是豪放不羁。也因此，他拥有很多崇拜者和好朋友。李白不远千里慕名而来，就是为了能见李邕一面，瞻仰大家风范，并且照例上书，也就是干谒。

我辈岂是蓬蒿人 李白诗传

李白本想着将自己沿途以来描写民间歌谣、生活风俗的这本行卷交给李邕，便有了拜谒的机会。但是，他却没有想到李邕是个"颇自矜"的人，不喜欢李白这种过于直抒胸臆之人。

李白本以为李邕会是懂自己的那个人，便将自己的宏伟梦想和壮举般的社稷之论尽数挥墨，付诸文章。没想到，他所得来的，是漫长的等待，等待里的每一分钟，都无限地被拉长，时时刻刻，李白都在神思、揣度着。

一等十几天都没有任何消息。这十几日的光阴里，他度日如年，眼看着希望的烛火渐渐地弱下来，李白只好再次"温卷"（士子在应试之前，常把先前所作诗文投献名公巨卿，以求荣誉，称为"行卷"。见《云麓漫钞》："文备众体，可见史才、诗笔、议论，故常用作'行卷'。"唐代士人行卷，逾日又投，谓之"温卷"）。

现实给予李白无尽的风雨，他只有坚忍地将希望再次点亮。

然而，命运的路，总是充满了崎岖，又过了几天仍旧见不到李邕本人。

其实李白不知道，李邕擅长的是碑版文字，对于辞赋也是十分在行，却唯独不写诗篇，他是不喜欢俚曲这些下里巴人的文学艺术。

李白吃了闭门羹，接连的打击让他愤愤不平，生性不拘小节的李白总是在不经意间高谈阔论、纵谈霸王之道，虽然这是李白的文学积累，但李邕对此不屑一顾。

当时甚是自负的李白岂能忍受这样的委屈，便有了这首《上李邕》。大鹏鸟是理想和自由的象征，仅仅一个象征对象，便将李白的雄心表露无遗。

理想就是一颗种子。种子发芽后，需要外界的呵护，也需要自己不懈努力地从土壤中汲取营养。这样，那棵小苗才能集日月之精华，慢慢长为参天大树。

　　李白用大鹏鸟来比喻自己，一腔凌云的豪情，倾予渴望中的知音人，却受到了意想不到的冷落。但是李邕不得不承认，李白寥寥数笔，就将大鹏鸟写得如此入骨三分，并且还着重地表现了李白的意志。对于这样一个初出茅庐的后生来说，的确不容易。

　　李邕当时只是读到李白的"行卷"《巴女词》："巴水急如箭，巴船去若飞。十月三千里，郎行几岁归？"文章行云流水，但却实在是提不起他的胃口。李邕将其放到一旁后，便赶写他的巨著《修孔子庙堂碑》了。

　　直到李白的"温卷"呈到眼前，李邕才想起这档子事情来。可是碑文正写到了兴头上，也没什么时间去顾及其他，便将李白的诗篇交给了一位名叫宇文的小吏，还甚是有些厌烦地说道："下里巴人之曲，桑间濮上之音，怎能登大雅之堂？还说什么济苍生、安社稷？但念他不远千里而来，好歹打发他一些盘缠，让他去吧！"

　　宇文接待了李白，宇文倒是非常热情，他对李白的俗歌俚曲十分感兴趣，对李邕的不待见也是很不赞同。可他毕竟官微人轻，纵使他对李白有满腔的欣赏和怜惜，他也爱莫能助，只能照着上级的意思办事。

　　宇文委婉地拒绝了李白后，便将李邕给他的盘缠和纪念品拿出来。所谓的纪念品，就是渝州特产桃竹书简。

　　年少轻狂的李白被婉拒，又岂能安然地接受"奢侈"的赠品。

李白在桃竹书简上题了一首诗，那便是《上李邕》。

当宇文战战兢兢地将这首诗篇呈给李邕的时候，心里已经做好了挨一顿斥责的准备。不料李邕看了却稍稍皱着眉头，口中喃喃道："真是初生牛犊不怕虎！真是不应该随便将他打发了。"可是转念又说，"让他出去见见世面，闯闯也是好的！"

在李邕的眼里，那时候的李白就是一个身着青衫，腰挂长剑，目光如炬，笑起来甚至有些孩子气的年轻人。但李白那独有的高傲和洒脱却深深地触动了他的心弦。他在李白的身上，看到了自己曾经的身影。

曾几何时，宇文也是抱着这样的心态来面对这个繁华世界的。然而，时光匆匆而过，苍老了岁月，也过滤了他的人生，他渐渐退去了青涩的乖戾，慢慢地成为一个稍显迂腐的"大人"。看着年少时的梦想与韶华渐行渐远，他心中不由得泛起一丝沧桑的哀愁。今时今日，与曾经的渴盼，是截然不同的两种模样。他心底暗暗地羡慕着李白，也没想到自己会遇上这样一位青春狂妄的少年。不知不觉地，他设想到这少年会有如何的成就，倒是欣慰了很多。后人欣赏李白逍遥狂放的性情，便尊称他为"诗国大鹏"，亦是源于李白所作的《上李邕》。

每一段人生岁月，都有着非凡的意义，或苦，或甜。许多人当时执迷，而经年沉淀后，会沉淀出生命的香醇。虽然说，当时的李邕没有在仕途上给予李白机会，这对当时的李白来说，是命运中的一个坎坷。然而，经年后，我们却不得不说，他们相遇与错过，都是一种万幸，正是因此，李白才作出了这一首传唱千古的名作。

相遇和错过，都是奇妙的缘分。在这件事情过去的二十五年后，即天宝四载（745年），李邕已经成了北海太守。他的一个从侄叫李之芳，是齐州的司马。

齐州那时有座破旧不堪的古亭刚刚修葺完，便请李邕和好友杜甫、高适前来游赏。当时的李白刚与杜甫、高适二人游历完汴宋，便随着一同前来。在命运的机缘之下，李白见到了李邕。

那时，两个人都已经是赫赫有名的人物，也都是历经沧桑的中年人了。当他们一同提到当年的《上李邕》时，阵阵爽朗的笑声自古亭中传出。年少的李白是那样的轻狂、骄傲。但是多年后的李白虽也是那样的性情，却被岁月磨去很多棱角。

阵阵笑声就那样散落在风中，化作了青烟袅袅，消失在茫茫无垠的天际。或许也会化作一滴浑浊的泪水，侵入心中，蔓延开来，蛊惑了那段迟暮的岁月。

被拒绝后的李白在漫长的时间里，都承受着痛苦的折磨。

他渴望见识更多壮阔的美景，思前想后，李白决定要冲出夔门，冲到外面的世界去见识更多的精彩。

自从李白五岁举家搬迁来到内地，再到现在二十五岁仗剑去国的二十年里，他经历了很多，也积累了很多。

不仅仅是在这些年读的那些书带给他的知识积累，还有练习剑术练就的强健体魄，还有长期漂泊形成的豪爽坚毅的性格。

在长期的漂流中，李白少了很多读书的机会。他风餐露宿，成了锦绣盛唐里的一个萍客，尝尽苦难辛酸。

在辗转的人生路上，李白也逐渐萌生了求仙学道的想法。神话仙谪的思想，是在李白幼年便开始萌发的，深深影响了李白的一生。

命运在无形间播下渴望的种子，直到它如火如荼地盛放，才知道，我们始终走在自己期盼的路上。无论悲苦、欢欣，无论平凡、伟大……

访道求仙，顿悟风骨

大匡山大明寺，群峦环绕，远处淡墨痕迹，近景浓墨重彩。寺内钟声回荡，殿宇就像是矗立在高山中的仙境，处处透着幽静。寺前的古树上蹲坐着一只古猿，青苔壁虎也渐渐爬上了木制的建筑，有一种古朴的宁静。

寺中有一条明净清凉的泉水，每当望着那汩汩的生命之源，就会荡涤心中的杂质，就连丹顶鹤饮了水之后也不愿离开这里。如此境地，恍如人间仙境。

暮鼓声声响，朝阳还未出现，黎明前的寂静和黑暗总让人带着希望。每当这时，便会看见一个青年手提一把宝剑来到院中与众多道士一同学习。夜已深了，道士们都入睡后，还能听到房中传出朗朗的读书声。

此人正是李白，白天在寺里是很少见到他的，只能见到书童进进出出地拿饭、提水。他一旦出来就要带上书童和他心爱的大黑狗一起去深山。这山中的风景，他已经见识过了，如今前往深山，李白只是想访道求仙。

我辈岂是蓬蒿人 李白诗传

说是求仙，其实是逐梦。我们都曾是逐梦人，却无数次在现实里流着泪醒来。李白翻山越岭，甚至绝壁他都没放过，但是却一直没有拜访到他心中的梦。大匡山峭壁陡长，故又被称为"戴天山"。李白听闻戴天山深处有一处名曰"戴天观"的地方，那里住着一个老神仙，已经百岁有余。

古时候，人们因为医学不发达，总会因为一些病减少寿命，所以那时候的百岁老人真是少之又少。

李白听闻这位老人活过百岁，心中喜悦，他想终于有了些信息可以让他见到神仙了。但是没见到老神仙，却只见到一小道士。这个道士大约也就与他同龄。失望之情渐渐升上心头，与道士相处些日子，他却发现这个道士风清骨峻，言语风趣，让李白心生羡慕。

道士姓元，名林宗，号丹丘，本是北魏的后裔，自幼时就一心向道。仿佛是三生三世的缘分，李白和元丹丘一见如故。此后，两个人常常见面，成为挚友。当时的李白，是无比快乐的，也是痛苦的。在当时，人人都说李客的儿子是个怪人，都已经二十多岁了，既不娶妻也不考功名，住在大匡山天天与道士为伍，数月回一次家。他成为乡里人茶余饭后的谈资，大家都猜测他到底想做什么。

有人猜测他是因为干谒不成已经丧失了信心，也有人说他和他的父亲一样不再追求功名利禄，打算归于诗酒田园。李白的人生故事，在邻里乡亲的舌尖上翻滚着，然而，人生真味，唯有他一人知。

生命的每一段旅程都会留给他不空的况味，之前接连的打击，让李白消沉过，超然尘世的想法他的确有过，那是一种潜意识的自我保护。有些人性是共通的，纵然千百年后的今天，在这个霓虹闪烁、车马喧嚣的欲望都市里，我们每一个人都渴望一个宁静的世界。

风雨挫折，是生命的必经路，每一种成长，都必然带着伤痛，李白的人生不会就此消沉下去。一次父子畅谈之后，李白的心情慢慢地转好了。

父亲李客将李家的历史告知李白。陇西的李氏远祖是汉代的名将李广，而近祖则是隋唐之际建都酒泉的凉武昭王李暠。在西凉国覆灭之后，他们一家人便逃到边远的碎叶城，依靠经商过活。

李白还没听父亲讲完，就已经兴奋不已："那我们岂不是陇西李氏的子孙吗？那我们就是王孙贵胄！而非工商贱民！"

祖辈的荣光照亮了李白昏暗的心事。门第，是他渴望挣脱，又渴望拥有的。

虽然父亲一再嘱咐李白不要说出去，否则朝廷降下冒充宗室的罪名他们担待不起，而且时间这么久了，到底是不是事实已经不能确定。

李白的心中充斥着一种华光，已经听不进父亲的劝告。他想到拜见苏颋的时候，那个小吏说自己是工商贱民之子，自己非常气愤却无法争辩，而现在即使不能当面跟那个小吏理论，自己也有了扬眉吐气的感觉。

古时候的文人非常重视出身。那是他们的精神支柱。李白渐渐地认为这就是一个暗示，"天将降大任于斯人也"的预兆。他坚信自己绝非池中之物，他日必会展翅翱翔于九天。

宿命，是愿望的投影，也许，正是李白对于自己天降大任的心理暗示，才使他有了今后卓越不凡的成就。

随后，李白就搬到大匡山的大明寺下居住了。他决心要在学业上下一番功夫，然后出三峡、游长江、渡黄河，游历所有著名的高山名川，访遍圣人居士。他也相信，一定会有伯乐识得这匹千里马，而他也对这段时间做了非常乐观的估计，少则三五年，多则七八年。

为江山社稷做出更多努力后，他便会带着一身的成就归隐大匡山，就像那些隐士一样过着与大自然亲近的日子。就这样，李白踏上了自己规划的未来之旅。

岁月流过，辗转几轮，就是他的一生。也是他为自己规划的最好的生命之路。然而，命运之轮，是否能够安然地在岁月中按照他规划的轨迹前行？为了奔赴一场命运之旅，李白启程了。他开始了一段旅程，开启了一段闪光的人生。

虽说不是潇洒倜傥，但也是英姿勃发；虽说身材不算魁梧，但也是潇洒出落。李白身佩宝剑，带着书童。他们就这样走在路上，慢慢地远离了壮美的大匡山。

十八岁的书童丹砂走在李白身后，轻轻地询问李白要不要作首诗纪念一番，而李白洒脱的语气显得很有兴致："仗剑去国，辞亲远游，岂能无诗？"诗是他的魂，又是他的知己，所以，李白习惯以诗纪念生命故事，就如同今天的我们执迷于各种拍摄。

李白的感慨之情激荡于心，于是便有了荡气回肠的《别匡山》：

> 晓峰如画碧参差，藤影风摇拂槛垂。
> 野径来多将犬伴，人间归晚带樵随。
> 看云客倚啼猿树，洗钵僧临失鹤池。
> 莫怪无心恋清境，已将书剑许明时。

晨光中的大匡山峰峦起伏，美得像是一幅画，那风中摇曳的藤萝，轻抚栏杆。山路间崎岖蹒跚，偶尔能闻听狗吠声。人们在暮色中背着樵木而归，僧侣们在喂养仙鹤的水池旁清洗着钵盂。

墨笔一落，便成了秀美的唐朝山水墨画，其中超然的意境，更是在亘古的时光里，永远鲜活。以至于今天的我们，依旧能窥见那片唐时秀美的山水时光。在书童丹砂的心中，李白取得功名那是理所应当的事情，所以在离开大匡山的时候也非常高兴地说道："等公子功成名就一定会再见的。"

主仆二人就这样轻松愉快地走在路上，春天的气息扑面而来，他们沐浴在和暖的阳光下，五彩缤纷的各色花朵争相开放，新抽的柳枝就像是绿色的云彩一样凌乱缭绕，斑斓丛生。芳草萋萋，野花点点，宛如锦绣一般铺在高低不平的山坡上。

浪漫的人，到处都能看到绝美的风景，李白立刻想到了王勃的《春思赋》。"思万里之佳期，忆三秦之远道。澹荡春色，悠

我辈岂是蓬蒿人 🪷 李白诗传

扬怀抱。"他觉得这样的风景用这几句来表述，真的是太恰当不过了。

在岁月的每一段时光中，他怜惜着生命中的每一处风景。在去蜀的途中，李白重游了峨眉山，却没想到会在这里盘桓数月。因为这里有一位叫怀一的高僧，他本姓史，是陈子昂的刎颈之交。

当年两个人都是凌云壮志、胸有大志。但是陈子昂却命运多舛，冤死在了狱中，死的时候只有四十一岁。

怀一高僧怀着梦想想要及第后大展宏图，但是却屡次名落孙山。他一时灰心便出家做了和尚，在青灯古佛下参禅悟道。对于陈子昂，李白非常了解。陈子昂，梓州射洪县（今射洪市）人，字伯玉，是蜀中人杰。在武则天当政的时候，陈子昂的才学得到了众人的一致肯定。初任麟台正字，后又任右拾遗。因为直言进谏而得罪了权贵，不得已辞官回乡，却始终没能逃脱，终于被悲剧的命运所绑缚，被迫害致死。

虽然如此，他却作为一个豪情壮志的精神领袖，永远地活在了李白的心中。李白曾经为求得陈子昂的诗文集十卷而到处奔波，但都无果。命运机缘，他今天却遇到了怀一长老。得知怀一长老是陈子昂的挚友，心中的敬佩之情溢于言表。怀一长老见李白才气不凡，也非常欣赏他。

这一天，怀一长老郑重其事地请李白到房中喝茶，并说有重要的事情要与他商谈。李白隐隐觉得这一定与众不同，就正襟危坐地面对这位慈祥的老人。只见长老面前的几案上放着一个黄色锦缎的包裹，包裹是那样精美，没有折痕，却有着岁月的痕迹。李白想要询问，却又不敢造次。只得静静地陪怀一长老品香茗，抬眼望去，怀一长老似乎在做着重大的决定，也似乎在消化从前的悲伤情绪。

茶香蔓延开来，怀一长老这才慢慢地说道："我唐自开国以来，诗文承六朝余风，骈俪有余，风骨未振。无补社稷苍生，徒供宫廷行乐之用。吾友伯玉，崛起于蜀中，振名于都下，始挽数百年之颓风，初复风骚之正传。然惜其年不永，其志未竟。"

说着，怀一长老低下头，手摸索着包袱，似是决定后的愉悦，脸上露出一种从容和淡然。接着，他缓缓地说："希望你能继吾友未竟之志，开我唐百代之风。"李白怔怔地看着这位须眉斑白的老人，迫切地打开了包裹，只看到"陈拾遗集"四字而已。这却让李白雀跃不已。这正是陈子昂的遗集，正是李白百寻无果的至宝。

怀一长老欣慰地说，李白是他等待了这么多年最合适的人，他和陈子昂年轻的时候非常相像，都是年少轻狂、洒脱豪放。

老和尚目送李白离开了房间，没有什么多余的话。李白只说了一句，像是承诺："晚辈定不负所托！"

一句简单的承诺，却用了一生来实现。他用万丈豪情，走出了锦绣一生。

自此，李白便开始研读陈子昂的诗集。诗文中没有过多的华美之辞，但是让人读过之后联想到了很多意境，这是诗文的又一境界，虽然朴实，却处处透着高深。《登幽州台歌》的那几句"前不见古人，后不见来者。念天地之悠悠，独怆然而涕下"写得那样绝望和孤独，李白完全融入这篇诗文的世界，并深陷其中不能自拔。

《与东方左史虬修竹篇》中写道："文章道弊五百年矣！汉魏风骨，晋宋莫传，然而文献有可征者。仆尝暇时观齐梁间诗，采丽竞繁，而兴寄都绝，每以永叹，思古人。常恐逶迤颓靡，风雅不作，以耿耿也。"

这段文字突然让李白想起了关于"风骨"的问题。什么是文章之道，什么是"风骨"，什么又是"兴寄"？观陈子昂的文章，或是感怀身世，或是直言讥讽，或是忧伤世事。像是有什么在支撑着文章的慷慨郁勃之气。

这就是所谓的风骨吧！现在却只是感受而已。李白思来想去，发现陈子昂的这些诗篇里写的事物都不是什么具象，而是借用这个事物来寄托自己的感情。这样的文章让人读上去很舒服，有不做作的感觉，同时表达了自己的感情。写了人物也有心情，写了景色也写了感受。这些不仅仅成为借喻的喻体，更有一种潜移默化的力量，充斥在字里行间，而又不突兀。

所谓风骨，就像人的骨骼，支撑着人不倒下，支撑着一篇文章的傲骨。反观自己在故乡写的那几篇引以为傲的沈宋体，不知不觉地有些汗颜。雕虫小技，壮夫不为！

一个人审视过去，看到自己的卑微时，便是成长。万千感慨汇聚于心，于是李白大笔一挥，在诗笺上挥手写就八个字："将复古道，舍我其谁！"他也将这几个字送给了怀一大师。

转眼秋天已至，秋风裹挟着愁思，将叶子吹落，草木衰亡。

此时，李白将要离开峨眉山。

怀一长老送他到江边，依依不舍，他不仅对这个晚辈关心，更多地寄予了他厚望。他望着李白远去的身影消失在路的尽头，落叶埋了满眼。

几十载的人生沧桑过后，怀一长老已经到了知天命的年纪，他知道，现在送走的年轻人，将走出一条不凡路。

仗剑去国，游历江陵

青溪江，透着淡淡的离别思绪，途中的夜里，看见半轮秋月倒映在静静的江水中，这带给李白无限的眷恋和亲切感。

峨眉山月半轮秋，影入平羌江水流。
夜发清溪向三峡，思君不见下渝州。

夜里从清溪出发往三峡，不知不觉间，已经到了渝州。峨眉山上的月亮，不知道见不到你的日子，会有多么难熬、多么寂寞啊！这就是李白在途中感慨而发写下的《峨眉山月歌》。在峨眉山，他找到了太多疑问的答案，找到了太多的坚定和兴趣，找到了太多的使命和理想。

人生起起伏伏，辗转各处，这让他百感交集，又令他心情舒畅，因为他找到了生命前进的方向，他不再是那个豪情万丈的迷茫青年。如今，豪情不减，方向已明，经过了岁月的沉淀之后，也更多了几分理性。

李白乘舟继续游走。他腰佩宝剑，站在船头，川流不息的河水此时就像是他的心情一样，狂奔不止。"愿为弼辅，使寰区大定，海县清一"，带着这样美好的理想，随着水流走向他美丽的世界。经过了纳溪、渝州出了三峡。一只轻舟，却一日千里。

诗文中将三峡水势的湍急和附近山川的险恶都表现得淋漓尽致，而那分激动也正是李白站在船头的心情。

李白毫不惧怕高耸险峻、水流涌进的三峡山川。江水滔滔，撞击着他心中的豪情。此时的李白心中溢满了兴奋，他自信这个朝代有他的立足之地，有他挥斥方遒的机会。他和每一个青年一样，相信"天生我材必有用"。

越是艰难险阻，越是兴奋难抑。这就好像最想得到的东西，简单得到不如历尽万难得来的印象更加深刻。

自信，赋予李白更加洒脱的光环。古代的很多文人都有政治理想，李白也不例外，虽然他们的梦想大多破灭了，但是李白的梦想却比别人的都要自信而坚决。

唐朝是中国历史上最为繁荣辉煌的朝代。而就在那个文化繁荣、疆域辽阔、思想积极开放、物质极度丰富的朝代，李白拥有属于他自己的梦想。有人说唐朝是个爱做梦的朝代，在那个朝代，许多梦想都可以走进现实。在这个极度具有浪漫色彩的朝代，谁会没有具有浪漫色彩的梦呢。

在那个文艺时代，与李白同龄的王维，小李白十一岁的杜甫，也都有伟大的政治梦想，并为之努力。没有梦想的人是没有生活的，但是梦想过于强烈，如果无法实现就会带来更多的焦急、失望和绝望。

李白的梦想没有变成现实，或许并不是一件坏事，李白没有成为政治上的佼佼者，但是却成了中国历史上人人敬仰的诗仙。他用诗文，描绘了一个繁华锦绣的朝代。曾经所有的烦恼和不快都随着那江水消失得无影无踪。

转眼间，李白来到了荆楚，即使豪情万丈，说到底还是第一次离开家乡，那思乡的情绪与日俱增，一发不可收拾。

所以就有了那首《荆门浮舟望蜀江》：

春水月峡来，浮舟望安极！
正是桃花流，依然锦江色。
江色绿且明，茫茫与天平。
逶迤巴山尽，遥曳楚云行。
雪照聚沙雁，花飞出谷莺。
芳洲却已转，碧树森森迎。
流目浦烟夕，扬帆海月生。
江陵识遥火，应到渚宫城。

早春三月的江水虽没有汛期那样勇烈，却也是汹涌澎湃。江面上船只漂行，眼观前方，江面上的桃花就那样漂浮纷飞，就像家乡锦江一样春意盎然。

江水明亮碧绿、浩浩荡荡地与天际平齐。两岸的巴山逶迤护水而来，在荆州地界已经和地平线平齐了，楚地水汽袅袅，模糊了界限，结出巍峨摇曳的云山。

岸边的沙滩上有很多正在用沙来沐浴的大雁，出入山谷觅食的黄莺用它独特的舞姿来炫耀它美丽的色彩。翠绿色的沙洲仿佛围绕着船转动着，沙洲上的绿树叶在热情地招手。

放眼远眺，江上水汽氤氲，海上明月和白帆一同冉冉升起。看到江陵城上的灯火，就知道渚宫城就要到了。

这时，李白想到了巴蜀的峨眉山，想到了蜀山上的僧侣，想到了过往遇到的一切，不禁忧伤起来。而那西蜀的江水，也像是舍不得他一般，一浪接着一浪地拍打着岸边，演奏着离别的乐曲，为他践行。"仍怜故乡水，万里送行舟。"这是一个第一次离家的游子的心声，委婉低回，悲伤的情绪在胸中回荡，仿佛是一渠江水，那样缓慢，不甚猛烈。

正因为有人认定了这时候的心情是悲伤的，所以他们会认为《早发白帝城》是他被流放遇赦的时候写的，因为那首诗的心情是那样轻松愉快。

如果真是那样的话，李白在经历仕途失败、刚刚被贬谪的情况下，又怎么能有那样轻松的心情呢？在《荆门浮舟望蜀江》中表达出的感觉就像是每个人在第一次出门远游的心情一样，既兴奋又激动，也有思乡的怅然若失。

每一个生命在萌发的时候，便被嵌入了思乡情结。每个人都是恋家的，家的感觉很温馨，在家里就像是永远不会担心任何事情，总会有一股难以名状的安全感。外面的世界充满诱惑，就像是蒙着面纱的绝世美人，正等待着你去揭开面纱，等着你去发现美丽。思乡之情在李白的心中悸动，但是他依然迈出向前的脚步，去寻找心中的伊甸园。

江陵是李白出了川后的第一站，在某些程度上，象征着他正式地成为一个"仗剑去国，辞亲远游"带着理想去实现的成年人了。李白到达江陵时是春季，四处春意盎然，散发着春的气息。

古时的江陵就是现在的荆州，是唐朝山南东道的第一大州的首府。一千多年前这里叫作郢城，是楚国的首都，有着古朴的繁华与壮美。繁华在岁月里沉淀出历史的陈香，让这座城沉淀出一种独特的文化韵味。汉末，这里是蜀国的重镇。郢城是一个美丽的地方，这里民风淳朴，处处透着传统文化的气息。

李白在江陵这座古城里探寻了那些名胜古迹，也拜访了很多好友。不仅在江陵城内，在乡下也留下了李白的足迹。他游历地方之多每个典籍记录的都不一样，也就无法查证。他在历史的书卷里，来回穿梭，时光将真相轻轻埋起，就成了一个永恒的谜。

在一个晴好的天气里，李白偶遇了在蜀中游玩时结识的好友元丹丘。元丹丘告诉他著名的道士司马承祯要前往南岳，而现在正路过江陵。司马承祯，字子微，号白云子，是唐朝很有名的道士。他曾经受到武后、唐睿宗、唐玄宗的召见，而唐玄宗的妹妹玉真公主更是尊他为师父，想让其教导休养生息之道。

李白早就久仰司马承祯的大名，之前李白一心向道，如今有机会能见到本人，当然不会放过这个机会。

司马承祯见到李白后，发自肺腑道："有仙风道骨，可以神游八极之表。"

李白一心向道，曾经在蜀中就寻仙问道，而得到这样的评价自然是兴奋得不能自已，一连几日的相处，李白突然想到了《神异经》里的"希有鸟"，还有《庄子·逍遥游》里的鲲鹏。

长夜漫漫却不能寐，幽深的暗夜里，他看到灵感的火花在跃动。便欣然起笔，一首《大鹏遇希有鸟赋》就这样一气呵成。在这首诗中，李白将自己比作大鹏，将司马承祯比作希有鸟。他嘲讽黄鹄、玄凤、精卫、天鸡之类，又用夸张的手法说大鹏"激三千以崛起，向九万而迅征"的恢宏气魄。

大鹏始终是李白的最爱。他羡慕大鹏的心胸体魄，也羡慕它可以自由地在天空翱翔。人的一生会因为时过境迁喜欢和讨厌不同的事物，但是一旦有一个真正喜欢的事物，便会义无反顾地喜欢下去。或许大鹏在他人眼中并不是那么好，但是在他心中却是唯一。李白这一生都在追求大鹏扶摇直上九万里的凌云壮志，就算折了翅膀也丝毫不影响他那悲壮豪气的风度。即使晚年卧病在床，一贫如洗，他仍旧在《临路歌》中以大鹏自况。

《庄子》《离骚》这些书对李白的影响极大。李白脱俗不羁、豪爽独立，这些书对李白的诗文风格、精神气质，甚至为人性情都产生了深远的影响。

就像苏颋对李白的肯定，司马承祯也对李白的一生有着极大的影响。他慢慢偏离自己规划的人生轨迹，走向求仙问道之路。

那时道教早就被唐王奉为国教，道行高深的道师能出入皇宫，就像司马承祯这样。当时李白渴望悟道却和谋求仕途没什么关系，他并不想以一介道士的身份出入皇宫。

不管是求仙问道，还是追求功名，李白都以自己的方式坦荡地追寻。这是李白的骄傲。

梦想这种东西太过于冷暖自知，很多时候会觉得自己在钢索上孤单地前行着，所以才更加明白一句鼓励是多么重要，才更加明白那些愿意陪着你一起做梦的人是多么难能可贵。

侠骨柔情，轻财重义

　　李白的一生是一番如梦之旅，辗转、漂泊，历尽风雨。大唐的每一处山水，都承载着他繁华的记忆，被他用笔墨记录，更被后世传唱。李白到江陵后的第一次远游，是与蜀中的好友吴指南结伴而行的。良友相聚，共享湖光山色，是人生难得的悠然时光，亦是古人的挚爱。

　　他们沿着江水而上，然后在苍梧山，也就是现在的九嶷山折返而归。游走一段旅途，载满丰盈的心情，带着好友相聚的欢快之情，留下快乐的音符。

　　苍梧山是个美丽静谧的地方，据说这里是虞舜安葬的地方，神话传说为这片风景更添了神秘之色，而这里的风景却着实令人着迷，湘水两岸的秀色就像是仙山，浓墨重彩的线条勾勒出美轮美奂的仙境。

　　峻山、秀水、清风、骄阳……每一首诗都离不开美景，这样的风景总会激发诗人的兴致，李白也曾说过这次游历算是"南穷苍梧"。他将美好的光阴，镌刻在心中，化作美好的回忆，涤荡灵魂，浸润生命。

从苍梧山归来后，两个人又驻足岳阳，畅游了八百里洞庭湖，甚是欢畅。从前都是自己游玩欣赏，现在有了随行的朋友，就会有一种得到至宝有人分享的感觉，一种默契感萦绕在心中，充实而快乐。山水美景也更增色不少。美好的东西总是易逝，不久后的悲剧揉碎了李白的心情。那些美好的故事，只能永远地活在回不去的记忆里，留在等不到的渴盼里。

悲伤，在那美丽的画面上，晕染了一笔哀愁，每每想起，他的眉头都会锁住，心中凛凛一疼。吴指南突然暴病而故，李白为此备受打击，"炎月伏尸，泣尽继之以血。行路闻者，悉皆伤心"。据说守尸期间，李白就在旁边一动不动，等到下葬的时候，他们将吴指南的尸首葬在他们一同游历谈心过的湖边。之后，李白经过江夏前往金陵。

人们都说，时间能冲淡伤痛。然而，悲痛，从李白心中涌出，化在血液里，和他的生命一般，长生。

三年后，李白重游故地想要拜访故友的时候，发现吴的尸骸还没有完全腐烂，他将那些尸骨用清水涤净，然后亲自背着走到鄂城，也就是今日的武汉市武昌，借了钱将好友葬在城东。

光阴辗转三载之后，悲痛依然清晰。这就是李白，侠骨柔情的李白。豪放不羁、不受世俗所困扰，而在自己的世界里找寻自由的人，他们是如此地重视感情。不管生命里烙刻的是什么，光阴转动，人生依旧要继续。

古代的诗人大都有辞亲远游的不成文规定，因为那时候的通信不发达，也许你才华横溢，但是如果不为众人所知，或许就会埋没在为人所不知的地方，一生默默无闻。无人赏识的寂寞和孤独，是天下怀才人的最深的痛。

所以，古人都渴望舞台，不管大小，能展示自己就好。作为一个潇洒的才子，李白同样也选择了辞亲远游这样的方式。李白远游的途中不仅给大家留下了他对文章、政治的看法和理解，还给人留下了他的名声，让人们了解他，了解他的才华。和那些唐朝的浪漫主义色彩的其他诗人相比，李白的骨子里的确多了些强悍和大气。

其实理解起来也不难，李白的家族本就在西域居住过一段时间。李白在《侠客行》中讲述了他所欣赏的为人之道，就是不仅要宽厚待人，更要用心去助人："纵死侠骨香，不惭世上英。谁能书阁下，白首太玄经。"

足以见得，"存交重义、轻财好施"已经不仅仅是他的人生信条，他早就将其融入血液中。

离开了洞庭湖，李白经过江夏，登上了庐山，庐山的风景仅用"壮观"都难以形容。

> 日照香炉生紫烟，遥看瀑布挂前川。
> 飞流直下三千尺，疑是银河落九天。

庐山上的香炉峰在阳光直射下，紫气蒸腾，烟云缭绕，交相辉映成一幅灵动磅礴的美景。那陡峭迅疾的山峰，那悬崖峭壁上绝美的流畅，让人怀疑那山峰是不是从九天之上倾泻而下。

一首《望庐山瀑布》成了李白脍炙人口的诗篇之一，也让后世之人都难以忘怀那庐山胜景。不管他们是否到访过庐山，那片风景都成了永恒的记忆。后世之人凭借他的诗句回忆唐朝，追寻那片风景。

走在旅途中的人是幸福的。一路上，李白经奇山，览江河。那样的豪情壮志让人不得不生出羡慕之情。

然而庐山瀑布的壮观并不是夸大其词，苏轼在《初入庐山》中也曾说过："帝遣银河一派垂，古来惟有谪仙词。"

每一个诗人的脑海里，都有一个如梦如幻的世界，他们在现实里生活，在精神世界经历真正的人生。或婉转、或豪情、或快意、或潇洒……

李白的精神世界已经得到后人的一致肯定，清新率直，带着些许的童稚。经他的描述，庐山的瀑布真的就如它的大气磅礴一般带着袅袅仙气。他笔下的风景，都是有生命的。

在李白赶赴金陵的途中所作的《望天门山》一诗中："两岸青山相对出，孤帆一片日边来。"一远一近、一动一静便表现出山色青黛、落日红火的苍茫壮景。毫不夸张，也毫不做作，却将所见到的景物渲染得淋漓尽致。

一支笔，墨色轻染，就成了一首壮美的诗。而每一首诗，描摹的不仅仅是一片风景，而是他的一段人生。

在金陵（今南京），李白写过一首《金陵酒肆留别》：

风吹柳花满店香，吴姬压酒唤客尝。

金陵子弟来相送，欲行不行各尽觞。

请君试问东流水，别意与之谁短长？

李白这一生重情重义，关于朋友离别的诗篇真是数不胜数，其真情可见一斑。他的真情如流水，滔滔流水和离别的情绪交错而生，诗里没有离别的凄美与感伤，而是洋溢着酒宴上的浓重气氛。

在苏州的那段时间里，李白所作的乐府诗《乌栖曲》也是带给世人极大的震撼。

姑苏台上乌栖时，吴王宫里醉西施。吴歌楚舞欢未毕，青山欲衔半边日。银箭金壶漏水多，起看秋月坠江波。东方渐高奈乐何！

评说历史，感慨兴衰，一字一句都是真知灼见。在不久后发生的唐玄宗和杨贵妃的爱恋惊艳世人，这对处于万丈红尘巅峰的比翼鸟，不就是活生生的一幕吴越历史的重演吗？

对于风景、政治、人生，李白总有着敏锐的触角。贺知章在长安读过这篇文章后感慨："此诗可以泣鬼神矣！"这并不是没有根据的。

在山川壮美的吴越大地之上，李白留下了许多脍炙人口的壮丽诗篇，也因此得了较有名气的诗名，他却在作诗之余，将自己的精力更多地用在了饮酒歌舞、结交豪雄上。

繁华盛世里，游宴夜场，琵琶轻弹，一场场盛世笙歌。觥筹

我辈也是蓬蒿人 李白诗传

交错，靡靡之音绕梁……如此画面总是会给人一种颓靡之感。而李白却在其中尽洒豪情，追寻快意的人生。

李白到达一处州县就会与当地的官员交往，与那些所谓的"落魄公子"交往。他总是仗义疏财，以至于"不逾一年，散金三千余万"。不仅仅是救济钱财，还两肋插刀。在他的诗篇中有过这样的描述："结发未识事，所交尽豪雄。却秦不受赏，击晋宁为功。托身白刃里，杀人红尘中。当朝揖高义，举世称英雄。"这就是《赠从兄襄阳少府皓》。

这种壮举不仅震撼了一方江湖，更是惊动了当地的官吏。仗剑天涯，一直是李白的梦想，当然也是想借结友成就自己的政治理想。然而，梦想的花朵，还未及灿烂，就遭受了狠狠的打击。

开元十六年（728年）的秋天，枝头枯黄的叶子，在风中摇曳拉扯着瑟瑟的愁思。一场场秋雨浇熄了浓情火热的夏，也浇灌了人们满心的凉愁。

如同一场完美的剧目，在这愁情和凉意渐浓的秋华里，在这个举目无亲的维扬小城，李白生了一场大病。

那时候的李白已经将钱财挥霍一空，曾经的那些朋友对他趋之若鹜，在他病中却不知所终。所以夜宴欢场里的深情厚谊，在眼前越发缥缈、朦胧，唯有那身体的病痛和心中的凄冷之感，越发清晰。

世态炎凉，人情寡薄。如今，他又读懂了一个人生真味。"黄金散尽交不成"，李白在《答王十二寒夜独酌有怀》中如是说。他忽然对自己产生了怀疑，究竟是哪里错了？

李白陷入了深深的思考中。病痛中，人的神经会变得敏感。

痛会更深，思念也会更加绵长。病中的李白脆弱多思，他开始想念故友。若一切回归旧时，故人仍在左右，自己的处境一定不会是今天的样子。于是他写了第一首抒发对于人生失意的感怀的诗篇，那就是《淮南卧病书怀寄蜀中赵征君蕤》。

吴会一浮云，飘如远行客。

功业莫从就，岁光屡奔迫。

良图俄弃捐，衰疾乃绵剧。

古琴藏虚匣，长剑挂空壁。

楚冠怀钟仪，越吟比庄舄。

国门遥天外，乡路远山隔。

朝忆相如台，夜梦子云宅。

旅情初结缉，秋气方寂历。

风入松下清，露出草间白。

故人不可见，幽梦谁与适。

寄书西飞鸿，赠尔慰离析。

历史就如同碧蓝的天空，无边无际，而人生却太匆匆，如今的李白正像那会稽吴县的一朵浮云一般，是一位漂泊不定的他乡客，随着命运的风雨辗转。干谒没有任何的结果，然而时运不济，却没有任何事能挡得住时光的步履。以前心中壮美的蓝图怕是难以实现了，它就如海市蜃楼一般，只能活在飘远的梦中。

如今疾病缠身，又越拖越重，心事也越来越多了，漂泊的命运和疾病让李白的心染上了浓浓的乡愁。他是如此思念故乡，他

我辈岂是蓬蒿人　李白诗传

想念家乡的一切。

秋风吹入房中，让心头寒意更浓。古松清朗，却只能在梦中苍翠。也请这鸿雁带着书信交给故人，聊表相思之情。

李白这次大病拖了很久才得以治愈。沉浮岁月里，难免经历诸多磨难，而磨难却是天使的翅膀，可以带着人飞向梦想。经过这次磨难，李白意识到，自己这种太过放纵的游侠方式对于自己的政治理想没有任何的好处，他似乎成长了许多。

侠义心肠早已在李白身体里扎根，长在他的灵魂里，并不会轻易改变。所以，对于那些真正推心置腹的朋友，他还是会毫不吝惜的。

就是这样，他归去八百洞庭安葬吴指南。后又义救郭子仪，对于权贵他绝不低头。他的身上一直有着傲骨，宁折不屈。

梦想是雪后那抹阳光，温暖一颗心。梦想如五彩的气泡，美丽又易逝。把梦想装在心中，用行动舞蹈。把握梦想，不让青春虚度。

入赘许家，举荐未成

总有一片晚霞，会让你萌生别样的情愫；总有一片绿叶，撩拨起你心头的渴望；总有一段岁月，让你的生命变得柔暖。

关于情感，也许每个人都有难以忘却的曾经。

安州和扬州都属于淮南道，但是不同的是扬州在它的东面，而安州却在它的西面。安州的州治虽然不及成都那般灵动，但是却也秀丽。金陵、扬州的繁华也是能安置得下一处中都督府的。

安州的首府安陆有一许姓人家，是世代的名门望族。曾祖许绍和唐高宗一起读过书，祖父许圉师是唐高宗时期的宰相，父亲在唐中宗时曾当过员外郎。不幸的是，许相爷早已去世，许员外也早已辞官不问朝廷事。

许员外膝下只有一女，可是因为她择偶标准太高，而耽误了适婚的年龄，现在都已经二十五岁了，仍旧待字闺中。员外只好托人寻找合适的人选，而被看中的，恰恰就是李白。

李白也是到了适婚年龄了，但是总是以"大丈夫功业未立，何以家为"为借口拒绝，这次，李白经不住朋友们的再三相劝，更何况自己也是"走投无路"了，只好答应了。

李白带上丹砂离开了扬州，想要前往安州。半路，他绕路去了襄州首府襄阳，拜访了他仰慕已久的诗人孟浩然。

孟浩然虽生逢盛世，却没有退而结网之术，虽然临渊羡鱼也只能作罢。年近四十的孟浩然虽然隐居在这深山之中，但是对于李白的豪爽和洒脱，他还是有所耳闻的。两个人一见如故，成为莫逆之交。

李白笑称孟浩然是当代的陶渊明，两个人促膝长谈也是那般酣畅。孟浩然称赞李白的诗就像是清水出芙蓉，那样清新自然，又妙趣横生。

李白在孟浩然这里逗留了数日，孟浩然待李白如亲兄弟一样。李白毫不忌讳地说了自己的事情，孟浩然也给出了中肯的意见。

只见孟浩然沉吟了一阵，慢慢地说道："如今干谒，寻知己访名官，必定会耗资无数，甚至会弄得自己没有身价也未可知，倒不如就此去许家入赘，也不失为一个好法子。"

李白转念一想，许家是名望贵族，又世代簪缨。许员外待人也算宽厚，这样不仅问题得到了解决，将来借着许家进行干谒对自己也是很有益处的。说着便感慨地吟起孟浩然的诗句："乡曲无知己，朝端乏亲故。谁能为扬雄，一荐甘泉赋。"

当今天子广开才路，但是没有什么凭证却往往不得而行，所以，思前想后，倒也不觉得入赘是什么不可以的事情。想着自己就像浮萍一般漂浮不定这么久，的确到了该扎根的年纪了，也只能换个心情，接受了这桩婚姻。

终于来到了安州首府安陆，没想到会遇见故友元丹丘。原来在李白去蜀国后的第二年，戴天观的老和尚就驾鹤西去了。元丹丘在别处游历了两年正准备回河南的时候，因与安州的都督马公家私交甚好，便想前来拜会一番，就这样巧遇了李白。

听说李白想要拜会马公，元丹丘自然乐意引荐。就这样，李白成了马公家的座上客。

此时推荐李白为许家乘龙快婿的专函已经到了许员外的手中，再加上里外的撮合，时年二十七岁的李白成了亲，入赘了许家。

夫人是位才貌双全、贤淑温柔的女子，只是身体不甚康健。丈人许员外对女婿也是期望极高，给了女儿很多金银珠宝做嫁妆。

许员外的亡兄留有一子，虽是书香门第，却是天生的纨绔子弟，横行不法。这位大舅哥许大郎对李白这位妹夫不待见，总是一副不理睬的样子。

一次，许大郎在郊外狩猎，践踏了别人的庄稼。人家要他赔偿，他就是不肯，双方争执不下，许大郎一怒之下，将那人射杀了。许大郎没有被拉去偿命，完全是因着祖父的缘故，但是许圉师却因此丢了官职。

许大郎完全没有继承许家的优良家风，却学会了专横霸道。许大郎见叔父膝下无子，早就有了不轨之心，而现在招赘的女婿李白也就成了他的眼中钉、肉中刺，总觉得不除不快。许大郎原想着等叔父死后便将家产独吞，然后将堂妹嫁了就不再顾及。李白的入赘却将他的计划生生打乱了。李白不屑于与他计较，本想着过几年有了出路便和许氏自立门户，不再管许大郎。这位大舅哥却不知收敛，不仅神色上露出鄙夷之色，连言语上也有些攻击和讽刺。

李白决定"敬鬼神而远之"，便和夫人商量着搬出去静心读书。夫人跟他说起，他们家在城西北六十里地的地方有一处别业，是当时祖父许圉师用来读书的，但是好多年都没有修葺过了，也不知道夫君愿不愿意去住。

李白对地方从不挑剔，只要有地方住，便也管不得其他，修葺什么的就等以后吧。他们收拾了一些简单的物什携着家眷就出发了。从安陆出发到北寿山只消半日。

到达后，李白环顾四周，山峰不高，但是却林木葱葱，曲径通幽。老宰相的读书堂就在半山腰。虽破旧，只要稍加整理就干净整洁，不会耽误休息和读书。他们动手收拾了一番，便在天黑前收拾出了个大致的样子。此后，李白便在这里潜心学习。

李白的岳父想让女婿快些成龙，便四处找寻州县的权贵官吏。马都督见是许家的乘龙快婿，知道李白的确是个人才，另外还有元丹丘的面子，便有了举荐他的意愿。

在一次宴会上，安州的各路财主权贵都欢聚一堂。元丹丘恰逢有空便也一同去了。马公在这次宴会上正式向大家介绍了李白，并且让李白以这次宴会为主题写一篇文章的序，留作纪念。

李白思索了片刻，待他人将墨汁磨好，便提笔书写。只字未停，洋洋洒洒就是一篇让人拍案称绝的文章。马公细细品读后，便兴奋地赞不绝口。

马公坐下后对下首的长史李京说，他看好李白的文章，清新脱俗、妙趣横生，让人读着不胜欢喜。李白的文章不像他人的文章那般了无生趣、枯燥无味。李长史点头称是，却是皮笑肉不笑。

暗中，许大郎与李长史眼神交换。原来两个人有些见不得人的勾当。李长史受过许大郎的托付，准备举荐他。而贡献出的礼金就是去年李长史生日那天许大郎送的一席紫貂。最近几日，又借着他的孙子周岁送了一锭金锁。最令人头疼的是，这个许大郎一无是处，文不得武不得。李白出现以后，这件事情要想顺利进行那更是难上加难。

李白万万没有想到，自己的才华横溢在李长史看来是如此刺眼。这天夜里，李白和友人畅饮，不知不觉喝多了。

第二天，李白醒来发现自己骑在马上，宿醉未醒的李白完全记不得昨晚自己做了什么事。他只觉得头昏沉沉的，再加上这天大雾，更是觉得迷茫。听见前方有车轮声，他正想下马问问怎么回事，却发现来人好像是都督府的主簿魏洽。

李白本想礼貌地打招呼，却被魏洽大声呵斥了一番。原来，李白一拍马便冲到了李长史的车前面。按照当时的规矩，他应该在十丈外回避让路的，李长史看在眼里，心里却十分欢喜。这样的事在老百姓是足够吃一顿鞭子的了，而读书人要想处罚的话，轻则是赔礼道歉，重则就应该负荆请罪了。

其实这件事情可大可小，就看李长史怎么处理了。逮到这个机会，李长史又怎会善罢甘休。李长史硬说李白目无尊长，有意冲撞他。还加了些莫须有的罪名，比如将自己的车险些撞翻了，等等。还让李白呈上认罪书，听候发落。

无奈，李白只得收敛脾性，写了人生第一篇不随自己心意的文章。虽然连篇累牍毫无特色，但在李长史那里却勉强过了关，李白认为这件事已经完结了，不会再追究了。没想到李长史将那篇认罪书呈到了马公那里，还加上了些批语。

马公举荐李白的念头也就此熄灭了，之后不久，李长史便升官了。对于李长史升官这件事情，李白觉得非常奇怪，但是却有一丝庆幸。奇怪的是，为什么这人会突然升官；庆幸的是，总是找麻烦的人终于消失在他的视野了。

一切都经过了，一切都走过了，一切都熬过了。生命的底色里，增了韧，添了柔。继任李长史的人姓裴，是一位豁达有才情的人。他是一个好客之人，还很珍惜人才，他出现的地方总是宾客成市，他在公事之余也常常宴请宾客，还会拉人出去驰骋射箭。

那时候还有顺口溜来形容他："车如流水马如梭，裴公门下宾客多。只需裴公一句话，胜似大比登高科。"这次，李白对这位裴长史抱有极大的希望。

仕途之路渐次光明，他仿佛看见了梦想的光，照进他的人生。人生没有那么多的假设，现实是一个一个真实的耳光，打在你的脸上，喊疼毫无意义，唯有一往无前。

才华展露，小人坏事

　　盛世里的光景，总是别样的繁华，繁华里的故事，总是承载着满眼的欢喜。

　　开元十七年（729年）八月初五，被下诏称为千秋节。此乃唐玄宗四十五岁的生日，举国欢庆。皇帝要在这天与民同乐，所以宴会必不可少。不仅在京城的花萼楼宴请文武百官，而且下令各州各县宴乐三日。安州都督府自然不例外。从八月初一开始，就已经开始扎牌坊、搭戏台。

　　这是皇帝的生日，亦是一朝人的节日。

　　李白进城后看到这一派欣欣向荣、盛世祥和的场景，他着实欢喜了不少。更值得高兴的是，他刚刚走进许家的大门，便收到了裴长史来自千秋节的赴宴请帖。

　　李白自然兴奋不已，这对于他来说并不仅仅是一场繁华的宴会，而是一次难得的机会。

　　这世界，最需要付出代价的事，不是别的，就是好好做自己。每一个带着期盼的日子，总是格外美好。

　　　　　　我辈也是蓬蒿人　李白诗传

宴会当日，裴长史十分欣赏李白的才气风情，听说李白还会舞剑，就给他斟了一大碗酒让他当众表演。

　　李白一饮而光后便准备舞剑。众人皆是好奇和看好戏的神色。只见李白不急不慌地脱下长袍，露出了玄色的束腰短装。这样的颜色将李白衬托得更加英姿飒爽。

　　李白手握龙泉宝剑，先是屏息以待，后又举目环顾。他将剑拿在右手开始了平时烂熟于心的招式，凌厉和洒脱的姿势像是传统，又像是李白独自创出一般，那样的行云流水，点到即止，没有喘息疲累之意，稳如泰山般像是一棵屹立不倒的松柏。

　　李白剑技惊人，像一道闪光经过所有人的眼睛，众人也已经分不清到底是被那精彩的舞剑吸引了，还是被这位英姿勃发的年轻人征服了。

　　随着裴长史一声"好"，堂上堂下便响起了一片热烈的掌声。裴长史看着李白，本就爱惜人才的他折服了，连着给李白敬酒三杯，在场的官员、豪绅也都纷纷给这位青年才俊敬酒。

　　酒，浓香而甘醇；心，却是万缕千丝。众人的脸上俱是敬佩，可李白心中有些怅然。

　　千秋节之后，李白将自己的行卷整理了一下，亲自送到了裴长史的府上。这次他特地将三篇大赋放在了卷首。裴长史见到后大喜，觉得李白真是个人才。不管怎么说，在这安州是找不出第二位的。而皇帝已经下旨很多次要求推举才俊，安州还没有推荐过谁。现在看来，还有比李白更加适合的吗？出乎意料的是，就在这关键的时候，却发生"犯夜"之事。犯夜就是在禁止的时间出入。

那夜李白只是到城郊去散步，顺便游历一下当地的佛寺，梵音袅袅，沉醉了他的心，李白与僧人谈天论道忘记了时间，等他从佛道中抽身时，已经深夜了。

李白急忙赶回家，却在家门前被兵卒拦住了去路。其中一个兵卒眼尖认出了这位宰相的孙女婿，也就没有为难他。但是他半夜敲门却惊醒了许大郎，许大郎抓住这件小事做起了文章。第二日，便有了"李白在外聚众赌博花街柳巷到深夜"的传言。流言蜚语像是会飞的棉絮，飞舞在安州城的大街小巷，很快就传到了裴长史的耳朵里。举荐的事情又被搁置下来了。李白几次三番地去裴府，裴长史都以"欠安，谢客"拒绝他。

李白只好回到北寿山，远在扬州的孟浩然不知所因，却只听说李白在北寿山隐居三年了。他感慨李白怎么这样没出息，也将一篇"移文"通过他人交给了李白。"移文"原本是属于在平行官署之间进行通信文书的称呼，但是从北寿山前经过也着实是故意的。文章开头就将李白骂了一通，说他：开始是鄙薄北寿山小而无名，不值得人盘桓留恋；继而又责怪北寿山把贤人才士隐藏起来，有负国家。

李白就此抒发了三年来的感慨，写成了《代寿山答孟少府移文书》。文中，李白用北寿山的预期讲述自己是一个无名无德的小辈，但是也能"攒吸霞雨，隐居灵仙"，更能"产隋侯之明珠，蓄卞氏之光宝"。继而又说道，"天不秘宝，地不藏珍"，贤才不出，"此则王者之德未广矣"。言外之意，自己又有什么罪过呢？

接着还是用北寿山的语气描述："逸人李白从峨眉山来到这里，自己让他饱受日月之精华，感受自然之美，永葆青春活力，又有何不可呢？"

虽然李白身居山中，但他仍然一心念着"申管宴之谈，谋帝王之术，奋其智能，愿为辅弼。使寰区大定，海县清一，事君之道成，荣亲之义毕，然后与陶朱留侯，浮五湖，戏沧洲，不足为难矣"。

李白借着北寿山的形象将自己平生志愿和暂时隐居在这深山不得而出的原因陈述得明确且风趣。其实信中，李白还想将李长史和许大郎对自己的敌意和不轨跟孟浩然说明白，但是却不便直言，也就作罢了。

在书信中有这样几句话："虽然有'山精木魅，雄虺猛兽'我也会将他们赶得远远的，不会让他们再有机会来伤害和干扰自己。"那北寿山会令清风来为李白扫地、明月来和他做伴。会让他专心致志地将自己未完成的事情做完，他日必定会一飞冲天。

李白屡次遭人暗算，心中怎能没有怨气，而现在自己已是而立之年，还过着寄人篱下的生活，心中又怎么能不万分感慨？在写完给孟浩然的回信之后，李白又尝试了一次"干谒"。

在《上安州裴长史书》中，李白表明了心迹。他想再给自己一次机会，如果真的还是只有闭门羹吃，他就直接上京师，破釜沉舟也未尝不可。当朝天子屡次下书求贤若渴，又特令草泽有文武高才可诣阙自举，想想自己也是才华横溢，又怎么会走投无路呢？小小的一处都督府对我闭门不见，又何必这样介怀，长安的大门敞开着，不鸣则已，一鸣惊人；不飞则已，一飞冲天。此其时矣！

于是李白就写下了《上安州裴长史书》中的最后一段话：

愿君侯惠以大遇，洞开心颜，终乎前恩，再辱英眄。白必能使精诚动天，长虹贯日，直度易水，不以为寒。若赫然作威，加以大怒，不许门下，遂之长途。白即膝行于前，再拜而去，西入秦海，一观国风。永辞君侯，黄鹄举矣！何王公大人之门不可以弹长剑乎！

　　李白所写的最后一段，的确是抒发了这几年来的怨气和不满。绝望是上天的礼物，因为绝望之外，便是更广阔的天地。这字字珠玑的文章就怕他看不见，看见的话又会被自己的霸气所渲染。管他是否受理，自己心中总算是平衡了许多。适时天已经泛白，看着桌面上的几个大字《上安州裴长史书》，心中十分欣慰。
　　黎明前的黑暗往往带着危险和诱惑，而当太阳正常升起来的时候，其他事情就都已经被阳光刺穿，无所遁形了。那道道阳光已然成了李白的希望，是迈向明天，拥有更加美好的未来的希望。
　　人生是一场永不落幕的演出，我们每一个人都是演员，只不过，有的人顺从自己，有的人取悦观众。

我辈岂是蓬蒿人　李白诗传

第二章 壮志难酬青云志

初入长安，满眼繁华

每一个人都是命运里的漂泊者，或身体，或灵魂，总是在生命的路途上一次次辗转、奔波。受命运的驱使，追寻渴望，追寻梦想，追寻活着的价值。梦醒着，便是潇洒勇敢的追梦人；梦碎了，就成了行尸走肉；梦尽了，就是爱恨苍茫一整个人生。

此时的李白，依然醒着，心中希望的烛火还在闪烁，他将踏上新的生命历程。李白别了安州，不远千里到了长安，正是开元十八年（730 年）初夏时节。百花盛放，正如激昂的李白，在每一寸阳光里，留下飞扬的身影。

正值而立之年的李白虽不像年轻时那样轻狂，但是也有着刚正的棱角。在安州受了冷落，李白便不再痴缠，转念想到长安就是天子的脚下，自己就算没有大展拳脚的机会，也一定会有得到赏识的机会。

一千五百多里的路程，是一段艰辛难忘的路。他途经襄阳、南阳、内乡、商洛、蓝田，他的心正在经历生命的历练。

我辈岂是蓬蒿人 李白诗传

李白迎着理想的光芒不断加快脚步，到了长安，已是盛夏。繁华的长安城，在这个百花怒放的季节里，更显盛美。

　　长安的天空好像比别处要高很多，虽然有种心旷神怡的感觉，却没有亲近和蔼的温馨。

　　长安的太阳好像格外明亮，阳光明媚得让人有些无所适从。长安的街道特别平坦宽阔，但是却拉远了街坊的距离。

　　高大的垂柳就这样勾勒出宽敞的街面，美丽遮阳的林荫大道两旁有一些的酒馆、客栈、凉亭和叫卖的小贩。

　　作为唐朝的京师，长安城的繁华是不同凡响的，皇宫的雄伟豪华，街市的叫卖声不断、人头攒动，摩肩接踵的人们可以在这里出售各种各样的商品物什，还有那些走街卖艺、卜命算卦、民间艺术……都深深地印在李白的眼中。

　　李白曾想象过这样繁华而又美丽的街景，但是见到后还是震惊了。纵横的街衢、栉比的货肆，这就是李白梦想的地方，无数次在梦中见到过，却因为隔着重重雾霭看得不是很真切，现在梦境就在眼前，李白却有些不认识了。李白不顾舟车劳顿，径直到了城门前，但是因为进不去城，便在门前张望。他心中想的是，这赫赫百年的皇都，这梦寐以求的唐国清梦，终于来了。

　　高耸的城墙，怎样才能进得去呢？什么时候能实现自己为国为民鞠躬尽瘁的理想呢？李白感到了一丝惆怅，面对这繁华的街市，他迷茫了。

　　城门上有三个金灿灿的大字"春明门"，三个高大的门洞井然有序地出入着锦华秀服的达官贵人，由左入，由右出。向上看去，是整齐大气的城堞，再向上看，是身着金甲的禁军，再望上去就是那高耸入云的城楼和它的飞檐山脊。

像是嵌在天空中一样，雕梁画栋就这样渐渐在李白的眼中模糊。不仅仅是因为头抬得太久而感到目眩，更是感觉这无法攀登的城墙和他相隔无比遥远，拒绝着他。

长安有十二道城门，城墙一周大约八十里，就算是骑上马游玩一周，一天也是看不完的。这春明门并不是长安最大的城门，最大的城门乃是正南的明德门，大气的门洞就有五个。

李白在吃瓜的时候问了卖瓜老伯关于客栈的问题。

这时候天色已经暗了下来，在唐朝，犯夜可不是闹着玩的。李白吃了一次亏，自然不想再体会一次。所以就听从这位老伯的意见，在东门的道政坊找了间小客栈住下了。

第二天一大早，刚刚能见到些微光，李白就听见一阵阵的鼓声，然后是坊门隆隆开启。大街小巷中的店面也渐渐地开始营业，屋外的车轮声和叫卖声衬得整座城市生气勃勃。

满街攒动的人，或是忙碌或是悠闲，或是朝服或是华锦，这些都时刻提醒着李白，自己只是一介布衣。

李白一早就来到了朱雀门大街，这里正对着皇城的朱雀门。而皇城坐北朝南，被赫红的围墙高高地围起来。本想着这里是皇帝居住的地方，但后来才知道这是三省六部、九寺、十四卫府所在的地方。总之，这里的官员都是朝廷命官。

李白后来又去了东市和西市，与成都的不同，这闹市大了不止十倍，而且货物种类繁多，不计其数，令人应接不暇。

南北各地的特产、殊方异物，琳琅满目。李白走过许多地方，但是繁华至此，却是前所未见。西市除了寻常街坊中见到的茶坊、酒肆、饭馆……还有波斯人开的珠宝店，这里的稀罕物闻所未闻，譬如蚌珠、蛇珠之类；还有大宛人开的店，里面卖着各种各样专供打马球的器具；更是有龟兹人开的乐器店，胡琴、琵琶，还有箜篌、羯鼓一应俱全；高昌人开的葡萄酒店，出售市面上极难见到的"小槽红""夜光杯"等。

时值盛夏，店铺卖一些凉面、凉皮和瓜果等。李白走进了一家小店，店主是一位留两撇小胡子的胡人，还有一位美丽的胡姬。对于李白，那个酒保非常热情。点好菜肴的李白待佳酿上桌后就迫不及待地用那"小槽红"品尝红得发紫的葡萄酒。

唇齿留香、芬芳香郁，实属佳酿。等那"八宝"上来后，李白早已等不及，虽然盛夏难耐，但是他却吃得甚为开怀。

李白饱了口福，准备找个阴凉之处，叫上一壶"碧涧春"，慢慢享受。却听邻座两位老汉在闲谈些什么，不知不觉就听了进去。

这两位老汉说的大意是，皇帝允许朝廷文武百官在休息的日子里纵情玩乐，而且还从宰相到员外都赏钱五千。那些游玩场所生意都非常红火，譬如斗鸡，赌注都是几千几万地下。甚至还有人因为将小鸡训练成厉害的雄鸡而得到赏识，被带进宫中表演一番，皇上一高兴就赏了一个"神鸡童"的称号，让他专门在宫中训练斗鸡。那年那"神鸡童"的父亲去世，着实也是大办了一次丧事，文武百官都送了挽联祭幛，因此当时在街市上还流行一句顺口溜："生儿不用识文字，斗鸡走马胜读书。"

李白在旁听了甚是怀疑，因为在开元初年，皇上纳谏、禁女乐，更是亲耕籍田。李白想着，古时的贤君也不过如此，这样贤明的君王怎会做这样的事情。

　　李白刚从茶肆中踱出步子，就惦记着观看公孙大娘的舞蹈、观瞻各大寺庙中吴道子、李思训等名家的壁画，但是天色已晚，没办法，只好等明日了。

　　李白信步游走，无论大街小巷，都是一番被整得方方正正、如同棋格子般的阡陌。相对来说，李白更喜欢蜿蜒崎岖的幽寂小径。

　　街道旁是一排梧桐树，氤氲着各色的风景，矮矮的墙头爬满了薜荔，还有人家墙边搭着葡萄架。满眼的碧色，让刺眼的阳光也变得柔和起来。

　　忽见得街头巷尾笙歌阵阵，然后车轮声渐渐逼近，人群也都自然地让出了路，李白以为什么达官贵人来了，连忙靠边。谁曾想，那几匹马簇拥着被锦缎裹着的软轿中，是一位头戴红冠的、身着白罗绣衫的标致少年。

　　李白本想问问旁人这人是谁，但是转念想起了这人头顶的红冠。普通官员哪会有这头饰，这不会就是"神鸡童"贾昌吧。李白还是不大相信，直到华灯初上，他回到客栈中，想要写下今天游历的心情以及歌颂一番这繁华的长安，却突然想到那童子的红冠，便渐渐搁下了笔。

　　李白从行李中拿出岳父给光禄卿许辅乾写的亲笔书信。许辅乾是许员外的外甥，也算是李白的侄子。但是光禄卿是专门为皇帝管理膳食的官吏，所以李白也没有什么被举荐的机会。这事也就只能转给他人。

　　许辅乾看过书信后，让李白在自己家中暂住，等忙过千秋节再寻觅合适的人。

在许辅乾家中等候的日子是无聊的，所以李白不会放弃这个去瞻仰名胜的机会。

太极宫、大明宫、兴庆宫、曲江池、慈恩寺塔……每处都有别样的风景，就像是风姿各异的美人，摇曳着一片片盛唐的锦绣光景。这个世界有许许多多不同的人，不同的想法，不同的生活方式，不同的价值观，这个世界正是因此而精彩有趣。

误入南山，望月空叹

长安城里的宫殿，是繁华的缩影。那片片砖瓦琉璃，都从容地彰显着大唐的繁华。

太极宫在长安中央的最北面，也称为"大内"，它的南门叫作承天门。每当国家大典时，譬如阅兵、改元、大赦之时，皇帝都会站在这里举行"外朝"。宫中的太极殿则是皇帝接待朝臣、商议国家大事举行"内朝"的地方。

大明宫在长安城的东北，也叫作"东内"。它的南门叫作丹凤门。宫内有含元殿、麟德殿、金銮殿。宫内经过唐太宗的始建，唐高宗的扩建，比起那太极宫不知雄伟高大了多少，因此在唐高宗以后，皇帝举行"外朝""中朝""内朝"就都在大明宫内了。

兴庆宫在大明宫的南面，也称为"南内"。原本是唐玄宗未登基时的住处，后来也经过几度扩建，成了唐玄宗居住和听政的地方了。兴庆宫没有大明宫那样宏伟，但是这里的庭院却是在宫中再找不出第二处的了。千秋节也在这里举行，还有一年，大把大把的"开元通宝"从城门上撒下去呢。

无论是什么宫殿，李白都只能在城墙之外徘徊张望。一堵高墙，将这繁华与他分隔开来。再多的壮美和繁华都与他无关，他只不过是这匆匆尘世里的看客。一个强壮的心灵敢于面对哀愁，因为他知道所有的哀愁都将淡远；所有的哀愁，有一天，都能被咀嚼、被纪念、被转化，成为大爱。

李白却没有因此而沉沦在悲伤中，他在想，终有一天，他会昂首阔步地从这里走进去，那些守城门的禁卫会为他大摆欢迎之阵，而那些贾昌之流也是不足挂齿。他下定决心要成为这繁华故事里的重要角色。

曲江池在长安城的东南角上，从秦汉时期就非常有名。唐玄宗又将这里扩大，还开凿了一条大渠。这里原就有许多奇花异草，又因着开了渠又栽种了些，所以那曲江池就成了一处姹紫嫣红的仙境。

当然，这里也只是王孙贵族才可以行乐，李白只能在外面小转一圈而已。其实他在外面想的不是自己多么悲哀渺小，而是想如果自己当上宰相的话，就将这里开放给民众，与民同乐。

慈恩寺塔也叫大雁塔，本是一座普通的佛教寺塔，玄奘法师曾在这里翻译过他从天竺取来的经书，所以渐渐也就有了名气，成了游玩的胜地。一些达官贵人来这里游玩的时候，这里往往守卫森严，不准进入。李白去的那天没有赶上被封禁，一路上倒还畅通无阻。他先是在寺院中转了一圈，在塔下见到了许多石碑，上面镌刻着许多及第进士的名字，这就是"雁塔题名"。凡是进士及第，总有三件事情让其终生难忘：一是瞻仰"大内"，二是曲江赐宴，三是雁塔题名。

李白见到那一排排的名字，心中真是五味杂陈。些许的嫉妒，些许的羡慕，更多地激发了他想要功成名就的决心。

登上塔顶的李白还在回味刚刚见到的，那些由丹青妙手曹霸所画的，大唐开国大臣李靖的画像。二十五张画像看得李白赞叹之余更多了一些动力。塔顶的风景慢慢地将他的意识拉回了现实，身旁似有重重雾霭，又似置身于九霄云外。远处的钟南山山顶常年积雪，自己无缘游历的各大宫殿也是一览无余，那太极宫、大明宫、兴庆宫三大宫殿隐隐约约，殿内的风景华丽大抵是瞧不清的，但是却能见到金碧辉煌的千里京畿。

李白举目远眺，心想大唐必定会就这样繁华下去。李白的思绪沸腾着。李白十分佩服骆宾王的《帝京篇》中"山河千里国，城阙九重门。不睹皇居壮，安知天子尊"的雄伟，但却不明白结尾处为什么会有"已矣哉，归去来！马卿辞蜀多文藻，扬雄仕汉乏良媒。……谁惜长沙傅，独负洛阳才"这样哀壮的词语。大概那时是武后当政，不比现在连秦皇汉武都不能及的开元盛世吧！李白有着自己的想法。

李白在京城广交好友，凭借着自己落落大方的形象和令人拍案叫绝的文笔，很快就建立了自己的圈子。

宴会、美酒、诗画……李白依旧是那个风度翩翩的潇洒公子。进入京城之前，他就曾经定下"金高南山买君顾"的目标，甚至还做好了在王公大人之门前"弹长剑"的心理准备。

因为广泛的社交，李白结识了崔宗之等许多王孙公子。崔宗之是唐睿宗时期的宰相之子，此时正供职尚书省。他是个正人君子，品格也无挑剔之处，对于李白的口才和诗才更是大力推崇。崔宗之甚至邀李白一同前往自己在嵩山上的别墅，但是李白此番的目的是"买君顾"，而非游玩，所以只能婉言谢绝了。

忙碌完千秋会的宴会，光禄卿许辅乾才得空来关照李白。他向李白介绍了几位卿相的大致情况：开元初期的贤相姚崇、宋璟都已经告老还乡，而中书令萧嵩主要掌管兵部，户部侍郎宇文融只管财政，找这些大臣也不大合适。

多方面分析下来，只剩下了右相张说。张说是个爱才之人，三个儿子张均、张垍、张埱也都是能诗擅文之辈，尤其次子不仅是三品卫尉卿，更是当今的驸马爷，深得皇帝喜爱。于是，他们决定去拜会右相张说。不巧的是，张说当时已是重病缠身。所以，李白也只能将自己的希望寄托在这三位公子的身上。

张垍为人狭隘贪婪，在他眼中，李白只不过是个乡巴佬，但碍于光禄卿许辅乾的面子，并且是以推举贤能而知名天下的父亲亲自要求接见的，他也就勉强接了这差事。

李白恭敬地将"行卷"交给张垍，便被委婉地下了逐客令。因为张垍看过李白的行卷后，更觉得这个人不能小视，要打起十二分的精神将之打击，不能让他被其他人举荐了去，留下祸患。从某种程度上而言，这也算是变相的肯定吧，可是李白却为此付出了惨重的代价。

张垍会见李白的时候，告诉李白：皇上有一位亲妹妹，名叫玉真公主，信奉道教，皇上在城里专门为她修建了一处玉真观，又在终南山为她建了一座玉真别馆。玉真公主嫌城中嘈杂，总会在别馆中小住。可是又觉山中冷寂，所以常会找些人来谈天，更爱谈老庄、诗文之类。李白在这城中守着，倒不如去终南山更实际些。

李白稍有迟疑，那张垍却说，如果将玉真公主逗得开怀，难保你不会飞上枝头做凤凰啊！李白转念一想，就应了张垍的意，即日便去终南山。临行前，张垍来送行，又在他耳边说着"不足为外人道"，好似对李白格外关照。尔后，李白就住在了城南的终南山中。

终南山也叫南山、太乙山、中南山，是秦岭诸峰之一。唐朝时，这里着实是一处热闹的地方，凡是没有门路或是不想考科举的人都隐居于此。这里也真是得了天地间的灵气，聚集了世上许多文人雅士。

据说唐朝初期，有一位名叫卢藏的文人科举名落孙山，无颜回家面对乡亲父老，左思右想便隐居在了终南山，发奋读书。后来，武则天知道他的决心和才华，就招他做了大官，后来，卢藏官至尚书右丞。在唐睿宗时期，司马承祯奉旨入京，在辞京路经终南山时遇见了卢藏，卢藏指着山峰对司马承祯说道："此中大有佳处。"司马承祯笑着道："以仆观之，仕官之捷径耳。"这句话真是道出了一众玄机，那些文人或是疲于去争夺科举进士的名人都纷纷踏足终南山，于是乎，这里就成为唐代求职官道的重要途径。

李白这次在终南山隐居也是参悟到了这山中所寓意的仕途，但是这山中青松白云、溪水秀竹，同样让李白心生眷恋，他爱仕途，也爱这大自然之美。

李白由两个相府的人陪着出了长安的金光门，沿着渭水一直向西，终于到了终南镇。这里并非只是楼观台，更是唐代贵人们幽栖之地。玉真别馆就在靠西的小山上。

李白上山后进得馆中也是暮暮深夜，看不真切周遭的环境，只觉得非常荒凉，不像是公主常来小住的氛围。院中杂草丛生，窗框上积满灰，门上还有蜘蛛网，怎么会这样？

相送的人面有难色，忙对李白解释原先并不知晓，但是已经安排下了也就没办法。以后每日的一日三餐都由一位老汉来负责，所以也就只能等他们回京城再向张垍禀报。李白只好听从。

日复一日，李白与这山林为伴，朝朝暮暮，他随着自然生息，然后无声地等待。他每日看着朝阳升起，又望着月上枝头，银辉流淌，就如同轻柔的纱幔轻抚红尘，叩击心灵绘出清晰的画面。

也只有在这个时候，李白的思绪和忧愁，随着时光的流失而淡淡消却。在无垠的寂静里，他每日倾听这天籁之音，说不清是自己需要，还是灵魂张扬的悲歌，慢慢浸透心中的痕迹，又悄悄划过无声的时光……

他懂得，这是人间寂寞清味。人生总有许多巧合，两条平行线也可能会有交会的一天。

重回长安，苦觅出路

寂寞者的世界，是丰富的。他可以困守自己的灵魂，敏锐地看到整个世界的悲欣。

凝视枝头的小鸟，飞翔的影子消失，清脆的歌喉停止，栖息在枝头。没有疲惫奔波的苦恼，两两相依偎，在清馨而狭小的空间里，等待黎明到来的时刻搏击蓝天，飞跃群峰，享受美妙无限的春色……

然而，鸟儿的欢欣，却与李白无关。就如同这大唐的繁盛和锦绣，亦是与李白无关。命运坎坷，他却只是这青山碧水间的孤寂者。幸得这老汉每日来送些吃食，否则在这山中真是无聊透顶了。有时，李白会与老汉说上一会儿话，他从老汉口中得知，原来这附近已经很久没有人居住了。

玉真公主在玉真观修好的头两年来过几次，袅袅倩影，就如同彩蝶拈花一般，匆匆一闪。此后，却再没来过。就连避暑，也是去华山、嵩山等地。

李白怔了很久，希望又一次落空，再看这湖光水色，也没有

我本也是蓬蒿人 李白诗传

了往日的神采，反而幽冷了。但是，李白还是不愿相信现实。李白无所事事，便将身上带着的古乐府温习了好多遍，也将自己能动手修补的地方修补了一番。尔后在一处找出文房四宝，挥起墨来。也许他是天生的执笔者，也唯有这笔墨才能聊表心怀。在寂寞的日子发现笔墨纸砚和一些道教书籍，就如饥饿的人找到了吃食，李白甚是欢喜。

悬崖上的花儿，总是更加绚美，就如同绝望里的光明，更让人值得珍惜、感激。渐渐地静下心来，李白发现在这寂静深幽的地方，修身养性、练练书法也是绝好的事情。青山秀水，这怎会是绝境？这是命运恩赐的一次沉淀心灵的机会。

久久不见张垍来通知他，李白也开始起了疑心。每天就是吃饭、睡觉、练书法、舞剑。有时也会在终南镇中买些东西来与送食物的老汉分享。渐渐地，半个月过去了。日子平淡得实在让人感觉到有些伤感。

李白觉得张垍该派人来通知他了，但是却下起了雨。这雨不像是寻常的雨，时而倾盆，时而细微，绵延着下了整整半月有余。

小饮清酒，翻翻旧籍，李白呆呆地望着房顶的蜘蛛结网。他辗转反侧，却让那蟋蟀叫得心烦意乱，越是心烦，这些无所谓的小事就越是无限地放大，令人无从发泄。

无来由，李白想起了故乡，想起了自己《别匡山》中的那两句"莫怪无心恋清境，已将书剑许明时"。想当初，仗剑去国、辞亲远游是那样激情澎湃。却没想到今日，自己的愿望还是处于萌芽阶段。

李白想到这些年干谒过的这些诸侯将相，却也只能用来长安以前所作的《游安州玉女汤》中的诗句"可以奉巡幸，奈何隔穷偏。独随朝宗水，赴海输微涓"来形容了。

长安这处金碧汪洋的大海，没想到连他这滴小水珠都容纳不下。从小便崇敬的君王近在咫尺，却没有自己施展才能的机会。《楚辞》中说得好："君之堂兮千里远，君之门兮九重闼。""思美人兮，揽涕而伫眙。媒绝而路阻兮，言不可结而诒。"

李白忽地想到了些好词句，便走到书案前写了下来："孤灯不明思欲绝，卷帷望月空长叹。美人如花隔云端。上有青冥之长天，下有渌水之波澜。天长路远魂飞苦，梦魂不到关山难。"尔后在结尾处加了两句："长相思，摧心肝！"

惘惘人世，一切悲欢皆由心生，心灵的折磨，是这世间最大的苦难。一夜无眠，思绪凌乱，却无从清理。张垍派的人应该是被大雨挡住了吧，这样大的雨玉真公主不会再来避暑了吧。李白想过这些之后，却忽然想到，自己不能再这样等下去了，应该回京城看看情况了。大雨未停，李白却不想再待下去了。

李白干脆冒雨前行，途中无奈，实在走不下去，落魄得求农妇施舍些饭吃。

李白好不容易到了长安，却是暮色霭霭。夜幕初降，弥散在天际，李白只能暂且找客栈居住。那一夜，他努力着又将希望的烛火点亮，可希望的微光却又在梦中破碎。

李白梦见张垍迎面而来，却像是不认识他一样自顾自地走过去，他本想拉住张垍问清楚这到底是怎么回事，却不想张垍怎么都抓不住。疑惑与委屈只能化作一声声的咆哮：为什么？为什么？

　　李白在梦中惊醒，这些日子的不忿在梦中找到了发泄的出口。那等着、盼着却不到头的日子自己真是不想再过了。在终南山，李白曾写过这样的诗句：

愁坐金张馆，繁阴昼不开。

空烟迷雨色，萧飒望中来。

翳翳昏垫苦，沉沉忧恨催。

清秋何以慰，白酒盈吾杯。

吟咏思管乐，此人已成灰。

独酌聊自勉，谁贵经纶才？

弹剑谢公子，无鱼良可哀！

……

　　玉真观的苦雨，染了世间多少愁。李白用诗文遣着愁思，也诉着怨艾。本想这一首就算了，可没想到李白又写了第二首来讽刺张垍。说起来这第二首还是借《南史》刘穆之的故事。刘穆之是一个"丹徒布衣"，家中一贫如洗，却偏偏爱饮酒，常到妻子江氏的娘家打秋风。江氏兄弟有一次在家中大摆宴席，明令禁止刘穆之参加宴会，嫌他丢江家的脸。

　　没想到，刘穆之在宴会当天大摇大摆地走进了大厅。江氏兄弟虽有怨言，在这么多人面前却无法发作。江氏兄弟见刘穆之酒足饭饱后嚼着槟榔，就恨恨地说槟榔消食，别再消了刚才的吃食。

　　后来，刘穆之做了官，就叫妻子将江氏兄弟叫来，妻子本以为他想羞辱他们，却没想刘穆之盛情款待了他们，最后还让厨子用黄金盘子盛了一斛槟榔，让江氏兄弟食用，令兄弟二人惭愧得无地自容。

诗中借用这个典故很显然是想要让张垍等着瞧。之后，李白将这两首诗命名为《玉真公主别馆苦雨赠卫尉张卿二首》。

李白想要实现理想的路途是非常艰难的，因为张琦是张垍的兄弟，也是掌管国家大印的官吏，为人与他那兄弟一样，都是不讲信用的纨绔子弟，自然也不会给予李白任何帮助，所以对张说的儿子，李白彻底死了心。

许辅乾知道他得罪了张说父子，看在李白岳父的面子上给了他些盘缠，意欲赶人。李白知道他犯了难，也就没再勉强，只好离开。

李白仍旧对京城有些执念，于是在客栈住下来。

漂泊天涯，寒月悲笳。这俨然成了李白命运的常态。本就是人间惆怅客，不是人间富贵花，也就随着命运的风雨，向着心中的渴望，不断挣扎。

在长安的牲口买卖街市上，李白逛着的时候看到一棵垂柳下拴着一匹马。

相马的人说这马是"马头为王，欲得方"，意思就是这马的头方方正正，一派气宇轩昂；而"目为丞相，欲得明"，说的是这马一双眼睛明亮得犹如明星灿耀；"脊为将军，欲得强"，这马的脊背又平又直，好似青铜铸成的一般；"胸为城郭，欲得张"，意为这匹马的胸膛宽大突出，像是雄伟的城郭；"四下为令，欲得长"，意为又长又细的四条腿如石雕玉削般。这样的一匹马被如此一形容，就更像是一匹千里马欲将奔腾的模样。李白对这马本就看中，见这匹马被形容得像是自己理想中的风貌，就想出钱买下。

一番议价之后，没想到卖马的人只要五千，他边看边议价，那人知道这是位行家，说这马要是好生调教，三万不止。李白与那人相视而笑。李白本是豪爽之人，便与卖马之人结识了。这人就是陆调，吴郡人氏，相见恨晚的两人找了处酒肆相谈甚久。

原来这陆调和李白一样，也是在干谒遭到冷遇，苦无进身之阶。不过这陆调倒是在长安有一位叔父身价数万，所以也算是不愁吃穿。

两人谈得十分投机，也互赠了诗文。陆调知道李白乃是贵胄，就告诉他那京城本家人一定是有的，不用如此烦恼。可是谱牒久失，无从联系，也不知本家中有何人在京。

陆调给他指了条路，那就是邠州长史李粲，他是一位好客之人，常三日小宴、五日大宴。一年下来也是要花上不少山珍海味，就与陆调的叔父的货庄来往密切些。不管是不是亲，因着同姓李，就可以去投奔他一试。

李白苦于没有盘缠，许辅乾所赠都原封不动给了客栈。陆调察觉了他的烦恼，就将那匹马赠给了他。

李白就这样去了长安西北的邠州，这邠州长史李粲果然特别好客，十分热情地接待了李白，也因他的宴会上正需要一位才华文采上乘，而又能做得即兴文章的文人。

李白在这里住了两个月，三天一小宴，五天一大宴。每日的宴会歌舞不断，奉酒赋诗也就成了李白的一大任务。虽然吃穿极宽裕，但是长久以来绝不是什么好事，而且主人对他的态度也不像从前那般热情了，所以李白便作了一首《幽歌行》给李粲。

告知李粲自己寄居檐下的窘迫和飘零的情怀，并且希望李粲能对自己加以提挈，帮助他找到出身之路：

> 忆昨去家此为客，荷花初红柳条碧。
> 中宵出饮三百杯，明朝归揖二千石。
> 宁知流寓变光辉，胡霜萧飒绕客衣。
> 寒灰寂寞凭谁暖，落叶飘扬何处归？

命运的漂泊里，李白见惯了凄风苦雨，也尝尽了过客的人生滋味。许多漂泊的生命的记忆被雨水淋成褐色的风景，所有不经意的回眸都绚丽成浪漫的构思，在梦醒后的清晨，无奈地投入另一种漂泊……

他的灵魂，如同一片落叶，渴望找寻一个归处，他愿意为此奉献自己所有的才华与人生。岁月之船悄悄划远，记忆的空隙留下一抹淡淡的怅惘和茫然。年华无助的彷徨，失意无奈的思绪支撑起一段幽怨的故事。

这一路欢歌，一路叹息，去寻觅被遗忘的昨天，去寻求生命的灵性、绵绵的恋情和缀满幽思的闪烁星空。时间馈赠给人的永远是那雨中的独步，梦的五彩在孜孜寻求中跃跃欲试。

左右人生喜怒哀乐的，不过是人心简单的取舍。

壮志难酬，酒醉遭劫

　　寂静的夜风划过天际，那些淡淡的愁思就化成一丝一缕的忧伤。人生所有的时间，都不是虚度的，只要经过，肯定会留下痕迹，人会变得成熟。李白的心情就像是在夜空中摇曳的月色，默默地散着冷辉。

　　即使有些难堪，但是这种状况下也顾不得那么多了。谁知李白的诗没有博得李粲的半丝同情，却让李粲有些反感。李粲觉得这太平年间，反正也是闲来无事，让你在这里赋诗饮酒便已是最大的好处了，没想到这李白还想得寸进尺。

　　李粲本想就此打发了李白，但是这不符合他好客豪爽的作风。他忽然想到那坊州司马王嵩，这人也是个需要"帮闲"的人，倒不如就此推荐李白去那里，正好两边都满意。于是，李白就带着李粲的书信前往了坊州。

　　坊州在长安正北二百里的黄帝陵下。王嵩在那里主管军事。长史喜欢些诗词歌舞倒也正常，而武官确实是要假武修文了。虽然王嵩热情地款待了李白，但将李白介绍给了从长安来做客的阎正字。李白陪着他们登高赋诗，对雪饮酒。对着那飘絮般的雪花，怎么会没有诗来应景呢！于是王嵩王司马先作了一首，阎正字也紧随其后拍马屁。于是，就有了李白的《酬王司马阎正字对雪见赠》。但是，诗文的末尾仍旧有着想被赏识的愿望："主人苍生望，假我青云翼。风水如见资，投竿佐皇极。"

王嵩见了，以为李白是想要些盘缠，心想何必如此费周章，不清不楚地表现心迹。他大方地按当时的规矩加赠了许多，李白本想拒绝，却不料自己囊中羞涩，也就收下了。收下的时候也是既尴尬又无奈，没想到自己已经沦落成了"文乞"。

李白不免感慨，于是写下了《留别王司马嵩》：

鲁连卖谈笑，岂是顾千金？

陶朱虽相越，本有五湖心。

余亦南阳子，时为梁甫吟。

苍山容偃蹇，白日惜颓侵。

愿一佐明主，功成还旧林。

西来何所为，孤剑托知音。

鸟爱碧山远，鱼游沧海深。

呼鹰过上蔡，卖春向嵩岑。

他日闲相访，丘中有素琴。

李白觉得从长安到邠州、坊州，只是想寻找知音，再由其举荐入朝为官，好辅佐明君，却不料所有愿望一一落空。知音难觅，想要实现功成便身退的愿望委实困难。他的心，像一块石头，沉入冰凉的深海。

李白想，大不了成为李斯、王猛之辈吧！战国末期有个叫李斯的人，原先以打猎为生，后被举荐入朝成了丞相，辅佐秦始皇统一天下；魏晋十六国时期，有一个人叫王猛，年少时便怀有大志，虽然以卖畚箕为生，却见知于前秦苻坚，后来一年五次升迁，权倾朝野，使得前秦富强，令其成为北方的十六国之霸主。

李白顶着暴雪回到了长安。长安的上元节将要拉开帷幕，每条街道都灯火通明，路旁还挂着各种各样的灯饰，就好像是天上的银河来到人间，降落到了长安的大街小巷。

朱雀门前的广场旁搭了一座鳌山，这鳌山是一座用五颜六色的灯绸糊成的假山。在假山上有一棵高数十丈的灯树，要说如何形容这灯树，也只能说那上上下下、前前后后挂满上千盏灯，山下的大露台用绿色彩绸糊成碧海汪洋。看上去既壮大又震撼。无论男女都扮成鼋鼍蛟龙、鱼鳖虾蟹，在其中任意舞蹈，活像是龙宫被搬到了陆地上。

到了午夜时分，钟鼓齐鸣，笙乐管乐响起。鳌山上的那棵灯树也适时地喷出绚烂多姿的烟火来，烟火后还挂出一个黄幡：开元神文圣武皇帝万岁万岁万万岁。

几乎是全城的人都涌向了街头欢呼游玩，幸亏这长安城街道宽敞，容纳得下如此多的民众，官员们也尽数在宫中玩乐，非常热闹。

　　但是，在一家小客栈中，却有一人在对灯独饮，这个人就是李白。听得其他客人因为通宵玩乐又不必担心犯夜，自己却全无玩耍观赏的心情。游客几乎走光了，他却全无当时刚来长安时的意气风发。脑子中回荡的全是放弃之类的想法，他无颜回去面对家乡父老，也无颜再谈及那"何王公大人之门，不可以弹长剑乎"的壮言。

　　好个热闹非凡的灯市，李白却觉得自己无处下脚。隐隐的爆竹声、锣鼓声、人声，好像与他全无关系，自己完全像是一个被排除在外的人。如此热闹的城市，自己却没有这个福分来享受，城墙那么高，又是多少人可以进得去的，长安街道那样平整，却能让人走得满身是伤。

　　渐渐地，酒壶空了，外面声音消失了，人们陆续回到了家中。一个醉醺醺的男子慢慢地走到城门前，他想找回当时见到这城墙时的感受，却不想永远找不回来了。

　　四下是热闹过后死一般沉寂的街道，两旁尽是人们经过的痕迹和烟火燃尽的灰烬。李白终于抑制不住地在城门上不断地敲打，然后发出似乎悲愤的声音："开门来！开门来！"然而回答他的，除了被城墙弹回的回声，接着就是死一般的沉寂。

　　从此以后，长安城中的赛马场和斗鸡场又多了一个赌徒。进入那斗鸡场，常常会有人对李白说起"神鸡童"的事。也说着那谬论：只要让宦官发现你拥有斗鸡的天分，就有机会让皇帝高兴，让皇帝高兴了，就会被赏个一官半职，然后就会平步青云，什么文采都不顶事。

由于李白经常在斗鸡场出入，他结识了长安的游侠儿。他们告诉李白一种见血封喉的毒药——吴钩。也与李白讲述了自己的事迹，更是脱下了衣衫让李白看看自己一身的花纹。

也因为在斗鸡场，李白认识了驻守在皇城北门的羽林军。北门，便是大名鼎鼎的玄武门。也因着不凡的关系，这玄武门的羽林军是天子的劲旅、皇家的亲兵。上至守城门的将军，下至小头目，都是宗室的贵族子弟。他们向李白炫耀自己的龙马、金鞍、玉剑，也夸耀了他们所守着的"东内"的威武庄严，从军向临洮的战绩到皇上的信任，无一不让他们骄傲。

可是，李白对他们的疑问只有一个：凌烟阁的画像中，可有书生？

是啊，靠斗鸡进朝并不是什么明智的选择，也不会长久。虽是捷径，但未免太过下作。如果成功，李白自己也是瞧不起自己的。这样实在有悖古人扶危济困、行侠仗义的作风。而如果能在羽林军中谋个职位，倒也不失为一个好法子。于是他与那羽林军交往甚密，并且写了篇《白马篇》赠予他们。可是，李白犯了个错误，他不应该招惹这些后台硬、人品差之辈。

一日，羽林军的一个校尉斗鸡大获全胜，便高兴地大宴宾客。李白被灌得大醉，第二日醒来后，竟不知自己身在何处。头昏昏沉沉的，宝剑和骏马都已经消失得无影无踪。李白这才幡然醒悟，那些人简直就是披着人皮的狼啊！

李白找到陆调，陆调劝他千万不要再去招惹他们，更不要去寻那丢失的财物，否则就会吃不了兜着走。李白怎么忍得下这口气，那宝剑和骏马都是他的最爱，就这样落入贼人之手。

起初在斗鸡场徘徊几日，李白并未见到羽林军。但是，李白决不放弃大海捞针的渺小机会。终于，在一条小巷中，他发现了那日宴请宾客的校尉。由于不能正面起冲突，李白便紧随在那人身后。那人故意装作不知，便走小路来到玄武门附近，折向西边的一处荒凉地，正是周太庙的遗址，汉灵台的废墟。只见那人一声唿哨，便出来些人将李白围住，李白暗想，这必定是九死一生了。

周旋了很久，李白的宝剑不在身侧，虽然有些武艺，却真是打不过这么多人，他们起初谩骂和讥讽，后来就实在没什么耐心了，想要将李白置于死地。就在李白九死一生的时候，远处有些骑马的人过来了。

骑马的人群中有"宪"字旗号，李白知道，是陆调搬来了御史台的纠察队。本以为纠察队会将这些人带走，没想到这些人只是被打发走了而已。李白过后想了想，这些人的后台并不是谁都惹得起的，自己怎么会吃了这样的亏才醒悟呢！

李白回到城中找到陆调，才知道原来是一位年方弱冠的小生报的信。李白心中感慨，自己差些死在了这些人的手中，真心地感谢陆调及时前来救了自己的性命。

李白心中十分感慨，已经说不出什么是忧伤、什么是愤慨，那些浅浅的伤心就像一朵朵莲花，盛开在污浊的现实中，潜入流年中。

孤独有时候也并不是件糟糕的事情，与嘈杂比起来，安静却孤独的生活仿佛还更妙一点儿，或许至少得有那么一段时间，几年的时间，一个人必须要自己生活着，才是对的，否则怎么能够听到自己的节奏。

世路难行，情绪宣泄

李白的这些过往还真是令人唏嘘。说起来，那些琴瑟弦、琵琶语，高山流水觅知音本就是属于他的，却没想到淡看花开花落的世界中，却没有他的位置。

陆调也有些惆怅，他告诉李白这些人虽然像流氓般胡作非为，敲诈勒索，诱拐良家妇女，甚至杀人越货，但是犯了事却被那些强大的后台护得死死的，你又到哪里去找寻？

如果案子实在犯得大了，他们就会被发配到边塞待上一年半载，立些军功后就又会被召回来，在羽林军的名簿上，也只是暂时消失一段时间，谁人都奈何不了。

这些人换上便装则是游侠，穿上锦绸便是斗鸡场中的纨绔子弟。他们赌鸡、赌马甚至还赌命，但是皇亲贵族却将他们像宝贝一样送给皇帝。李白瞠目结舌，经过这次北门之灾，李白决定离开长安，满城繁华，在他的眼中，却是一片伤感。回首这一年多的经历，胸中涌动的愤慨让人难以抑制，什么广开才路，那堂皇的路在哪里？那笔直的大路只能容纳得下张垍那般小人，也只能升得贾昌之辈的人物。

满腔抱负，又有才华的文人并不适合走这条路，看似平坦，走上去便会变成荆棘满布的深渊。

李白的愤怒无法抑制，就在此后写下了《古风》其二十四。对长安城中贵族的作威作福和斗鸡之徒的强行霸道进行了抨击。李白此前的苦恼只是政治理想得不到实现而已，而从那次开始，李白除了进身无门之外，又多了一层对于当时黑暗的政治的担忧。

那是梦想与现实之间深深的矛盾，这种矛盾越加尖锐，当然，要想实现自己的愿望也是难上加难啊！

李白直抒胸臆，将在安陆的冤屈遭遇、在长安的挣扎痛苦，毫无隐晦地全部倾吐了出来：

> 大道如青天，我独不得出。
> 羞逐长安社中儿，赤鸡白雉赌梨栗。
> 弹剑作歌奏苦声，曳裾王门不称情。
> 淮阴市井笑韩信，汉朝公卿忌贾生。
> 君不见昔时燕家重郭隗，拥篲折节无嫌猜。
> 剧辛、乐毅感恩分，输肝剖胆效英才。
> 昭王白骨萦蔓草，谁人更扫黄金台？
> 行路难，归去来。

此诗是《行路难·其二》，这是李白怀着怎样的心情写出来的呢？诘问？呐喊？质问？申述？这几种情绪应该都有吧！

李白对自己所处的时代充满了信心，但是现实却让他心寒，为什么他就报国无门呢！他虽庆幸自己处在繁华盛世，但是也怨恨自己为什么生在这样一个时代，如果生于乱世，一定会有自己大展拳脚的机会吧！

"弹剑作歌奏苦声，曳裾王门不称情。"他要向那些距离自己遥远的敬仰，那些在乱世中翻手为云、覆手为雨的英雄，在盛世中安定国家的将相，不论他们的出身如何，不论他们是不是曾经受过屈辱，但是他们仍会得到别人的赏识，得到他人的赞赏。

虽然他们都是被提携才有今日的成就。就如当年燕王对郭隗何等礼贤下士，乐毅知遇明君。为何自己就不能有这样的机遇呢！"昭王白骨萦蔓草，谁人更扫黄金台？"或许昭王已经过世很久了，所以世上再难找到像昭王那样知人善用的明主了。最后，李白也只能疾呼"行路难，归去来"，来为自己壮志未酬践行了。

李白在陆调给他钱行的筵席上认识了王炎，王炎是陆调的老乡，也是久居长安诸事不顺，他正准备去蜀中探亲。

就像是患了同一种病症的病人一样，虽然没什么关系，但是李白和王炎却是惺惺相惜。长安且无路，蜀中又怎会有坦途？王炎其实不知道哪里有路，所以想要去请教严君平。而李白想到在武侯祠求签之时，求诸葛的灵言尚且无用，更何况严君平？

席间，王炎请教了李白关于蜀中的风土人情，并且想请李白留些诗文做纪念，于是李白挥笔写成了《剑阁赋》：

我辈岂是蓬蒿人 李白诗传

咸阳之南，直望五千里，见云峰之崔嵬。前有剑阁横断，倚青天而中开。上则松风萧飒瑟飐，有巴猿兮相哀。旁则飞湍走壑，洒石喷阁，汹涌而惊雷。

送佳人兮此去，复何时兮归来？望夫君兮安极，我沉吟兮叹息。视沧波之东注，悲白日之西匿。鸿别燕兮秋声，云愁秦而暝色。若明月出于剑阁兮，与君两乡对酒而相忆！

"咸阳之南，直望五千里，见云峰之崔嵬。"虽然气势无可挑剔，但是作为临别之言，不是应多些壮行色、祝平安之类吗？难道李白是惜字如金之人！

答案当然是否定的，李白这番，也是怕自己再写下去，更多的是满腹的牢骚之言，搅了这和谐的氛围。"若明月出于剑阁兮，与君两乡对酒而相忆！"一切也只能言尽于此了。

王炎意犹未尽，希望李白再作一首。李白当然不是小气做作之人，痛饮三杯后再次提笔：

见说蚕丛路，崎岖不易行。

山从人面起，云傍马头生。

芳树笼秦栈，春流绕蜀城。

升沉应已定，不必问君平。

陆调恐怕引起李白的悲愤情绪，便叫了几个歌女前来佐酒。王炎这时伸手拦住，说歌女祝酒并不会十分尽兴，不如他演奏一曲，李白听了自然欢喜。

琴声徒然而生，这曲子从开始便这样陡途。只听得好像胸中的奇峰拔地而生，壁决千仞，下临深渊，尔后是一段游丝般声响，时隐时现地上下蜿蜒。又是一段似疾雷滚滚之势，随即又转为迂回低沉，几声叮咚也让人坠入幽谷。就这样反反复复地凄切、哀号。然后轻拢慢捻，阵阵喘吁，渐渐归于沉寂。

李白沉寂了很久后才如梦初醒，问这曲子叫什么名字，王炎道:《蜀道难》。但王炎可惜的是没有配这曲子的词。李白感叹这首极好的古乐府曲子，就答应王炎的请求为曲配词。

李白在离开京城的前一日夜里，本打算安睡好明日赶路，但是为《蜀道难》配词这样令人振奋的事情让他难以入睡。沉思那阴铿的声乐，回忆当时澎湃的心情，古蜀道的岩畏，愈加清晰地呈现在他的眼前。

渐渐地，长安的宽广大地也纷至沓来，两者便成了奇异的结合，龙楼凤阁成了鸾凤叠嶂，红柳成了古藤老树，莺莺燕燕成了虎啸猿啼。承天门、朱雀门、丹凤门也成了一夫当关、万夫莫开的剑门。

多日来，更确切地说是多年来，潜伏在李白心头的种种，或是激情澎湃，或是委屈冤屈，抑或是壮志难酬全都涌现出来，那争先恐后的思绪令他下笔如有神:

噫吁嚱，危乎高哉! 蜀道之难，难于上青天，蚕丛及鱼凫，开国何茫然。尔来四万八千岁，不与秦塞通人烟。西当太白有鸟道，可以横绝峨眉巅。地崩山摧壮士死，然后天梯石栈相钩连。上有六龙回日之高标，下有冲波逆折之回川。黄鹤之飞尚不得

我辈也是蓬蒿人 李白诗传

过，猿猱欲度愁攀援。青泥何盘盘，百步九折萦岩峦。扪参历井
仰胁息，以手抚膺坐长叹。问君西游何时还？畏途巉岩不可攀。
但见悲鸟号古木，雄飞雌从绕林间，又闻子规啼夜月，愁空山。
蜀道之难，难于上青天！使人听此凋朱颜。连峰去天不盈尺，枯
松倒挂倚绝壁。飞湍瀑流争喧豗，砯崖转石万壑雷。其险也若此，
嗟尔远道之人胡为乎来哉！剑阁峥嵘而崔嵬，一夫当关，万夫
莫开。所守或匪亲，化为狼与豺。朝避猛虎，夕避长蛇。磨牙吮
血，杀人如麻。锦城虽云乐，不如早还家。蜀道之难，难于上青
天！侧身西望长咨嗟！

这蜀山的高俊正像是理想的高峰，遥不可及，善飞的鸟儿尚
且飞不过，善攀的猿也攀不过，令人心生恐惧的蜀山是如此险峻
奇绝。

敢问卿何时归还，这巉岩实是无可攀登。这样陡峭的峰峦又
岂是你我凡人可攀登的。李白自己也已经有些畏惧了。峭壁上的
猛虎蛇虫都虎视眈眈地看着你，它们磨牙吮血，杀人如麻，还是
早些回家吧。

笔墨狼藉，李白涕泪横流。男儿有泪不轻弹，在最苦最难
的时候，李白都不曾流过泪。只是这种感情实在难得，并不是忧
伤，也不是愤慨，而是一种悲壮。只觉得有人将那大门"哗啦"
一声拉开，自己胸中抑郁的所有情绪便倾泻而出，像是开了闸的
洪流，奔腾不息。

那报效国家的宏伟壮志不知道还有没有机会得以实现，这时
候的李白已经没有了当年的笃定。毕竟经历了这么多的挫折，即

使再想实现理想，也要结合现实的情景加以判断了！

虽然说李白不顺畅的仕途让他感到十分愤慨，但是却在某种程度上成就了大唐诗文化的巅峰，从某种角度来说，诗人的不幸就是诗坛的大幸。正如屈原、陶渊明、杜甫，都曾有痛苦的人生经历，但却在文化上大放异彩。

李白所著的《蜀道难》无疑是大唐文化的一个标志性的圭臬。它兼具了司马相如的恣意和屈原的雄奇，想象宏阔而又恰容，壮景夸张具有浩荡之觉，深入刻骨地描述了一个嗟怨怨慨之人的心情。

这虽是一幅壮观的中国风景画，却带着慷慨唏嘘。皓月当空，秋风萧瑟，壮观总会有银河迢迢，星云渺渺。一首《蜀道难》谱写了如梦千年的悲烈，却没有什么可以眉黛柔柔，霓裳翩翩，温暖心房。

人生在世，注定要受许多委屈。而一个人越是成功，他所遭受的委屈也越多。要使自己的生命有价值和炫彩，就不能太在乎委屈，不能让它们揪紧你的心灵、扰乱你的生活。

失意返乡，携友游历

　　繁华后的三千弱水，也都变成了荒芜微凉。李白每每空樽对月，就会生出冷淡的情愫，一点一点地侵蚀着灵魂。

　　李白带着满怀的"羞为无成归"心情别了长安，轻舟随着黄河水渐渐地远离这个繁华得有些冷淡的城市。不仅是带着面对曾经刁难过他的人的羞愧，更是想到那些关心、爱护他的人也会伤心，李白像是个负了众望的孩子，不肯径直回家，兜兜转转到各处。

　　李白终于回到了安陆，才知道父亲已经去世了，母亲看着儿子平安归来，比谁都高兴。母亲已经不求李白出人头地，只要他平安地在他身边，她就心满意足了。

　　然而李白是一个闲不住的人，找人对饮，寻人谈天，讲述自己心中的郁闷和委屈，这才是让他快乐的事情。毕竟这里的一切是那样熟悉，这里是他从小长到大的地方，也是他拥有最宏伟梦想的摇篮。

　　除了在安陆附近走动，他还会跑到孟浩然那里去。两人相见，痛饮、感叹、诘问。李白对孟浩然仿佛有说不完的话，痛说一天越说越感惆怅。于是有了《襄阳歌》：

> 落日欲没岘山西，倒著接䍦花下迷。襄阳小儿齐拍手，拦街争唱白铜鞮。旁人借问笑何事，笑杀山公醉似泥。鸬鹚杓，鹦鹉杯。百年三万六千日，一日须倾三百杯。遥看汉水鸭头绿，恰似葡萄初酦醅。此江若变作春酒，垒曲便筑糟丘台。千金骏马换小妾，笑坐雕鞍歌落梅。车傍侧挂一壶酒，凤笙龙管行相催。咸阳市中叹黄犬，何如月下倾金罍？君不见晋朝羊公一片石，龟头剥落生莓苔。泪亦不能为之堕，心亦不能为之哀。清风朗月不用一钱买，玉山自倒非人推。舒州杓，力士铛，李白与尔同死生。襄王云雨今安在？江水东流猿夜声。

"百年三万六千日，一日须倾三百杯"的激愤，也有李白及时行乐的心情。

酒，已经成了李白最好的朋友，它是李白排遣苦闷的好东西，也是抒发壮志未酬的见证者。在无数个梦里，李白就是带着甜美的梦来渲染着露骨的现实。

据说这《襄阳歌》是李白拟襄阳儿歌而作的，李白很注意民歌的音律和歌词，他的诗中常常会看到民歌的影子，这也是李白诗歌的一大特色。巴蜀的民歌、荆楚的民谣抑或是吴越的俚曲，都曾在诗文中滋养文质。

李白的天下漫游之旅，虽然是为理想在努力，但是也有很多的时间，李白在搜集各地的民歌俚曲。

开元二十二年（734 年），"使海内豪俊奔走而归之"的襄阳州刺史韩朝宗来到了李白的家乡。这对李白来说，就像是久旱的树苗得到了甘露的滋润，是一件十分令人兴奋的事。这位为朝廷举荐过无数千里马的伯乐一定会赏识他，将他带到殿堂见君王的。李白这样想道。

李白喜出望外，心想这真是天不想绝我，这定是上天的安排。于是李白写下了《与韩荆州书》，词语间充满了对韩朝宗任人唯贤、知人善用的高尚品格的赞颂，也称赞他文采诗艺令人赞叹不已。李白接着细数家珍，拿出些经历与君共勉。

自然其意思是让韩朝宗举荐自己，让自己"扬眉吐气，激昂青云"。

……所以龙盘凤逸之士，皆欲收名定价于君侯。愿君侯不以富贵而骄之，寒贱而忽之。则三千之中有毛遂，使白得颖脱而出，即其人焉！……愿开张心颜，不以长揖见拒。必若接之以高宴，纵之以清谈，请日试万言，倚马可待。今天下以君侯为文章之司命，人物之权衡，一经品题，便作佳士。而君侯何惜阶前盈尺之地，不使白扬眉吐气，激昂青云耶……

当然，就文才来说，韩朝宗看得出来李白的这篇《与韩荆州书》是一篇文气浩荡、情谊恳切的好文章。就性格，李白的桀骜不驯、飞扬跋扈却是韩朝宗不欣赏的。

虽然韩朝宗知道李白是一位旷世奇才，但是骨子里有些保守的他对这有些咄咄逼人的文辞有些反感，这偏离了有求于人的轨道。由此可见李白不媚世俗的性格。

韩朝宗想象不到这样桀骜不驯的人如果做了官会是怎样的一种情景，他不会循规蹈矩。顾忌着这些，也是感到李白性格中异于常人的张扬，他拒绝为李白举荐。

经历了如此多的干谒失败，李白对这些事情也是习惯了，不算十分意外，但是失落却总是有的。这也让他知道了官吏的心胸狭窄，当然，也知道自己的个性与时代不融。

这时，著名诗人宋之问的弟弟宋之悌途经江夏，前往流放地朱鸢。李白听闻就为他接风饯行，两人都是命途多舛之人。一个风烛残年遭到贬谪，另一个风华正茂却郁郁不得志。两人不免抱头痛哭，泪水湿了衣衫，冰冷了孤独的心。

李白去往长安之时，元丹丘去了嵩山，在那里隐居了起来。虽然没有与他同去长安，却也常常收到书信，得知李白在京城屡次干谒失败，失意之时返乡。得知李白已经到了安陆，就立刻邀请李白一家前来嵩山，与他一同隐居。

就在李白从江夏回来不久，崔宗之就邀请李白再游南阳。以前崔宗之曾邀请过一次，但是李白婉言谢绝了。这次再相邀，李白也委实不能再拂好友一番盛情，加之南阳是当年诸葛亮隐居之地，李白也想再去吊唁一次，于是两人同行。

李白身处诸葛亮隆中的遗址，想起了诸葛亮出山以前高歌的《梁父吟》，感叹原来这样怀有经天纬地之才的人也会在深山之中感到困惑，那么自己眼前的逆境就不算什么了，于是他也套用了《梁父吟》这一古乐府，写了一首诗来表明自己现在安于困厄，

我辈岂是蓬蒿人 李白诗传

以待时机的决心。

　　长啸梁父吟，何时见阳春？君不见，朝歌屠叟辞棘津，八十西来钓渭滨。宁羞白发照清水，逢时吐气思经纶。广张三千六百钓，风期暗与文王亲。大贤虎变愚不测，当年颇似寻常人。君不见，高阳酒徒起草中，长揖山东隆准公。入门不拜逞雄辩，两女辍洗来趋风。东下齐城七十二，指挥楚汉如旋蓬。狂客落魄尚如此，何况壮士当群雄！我欲攀龙见明主，雷公砰訇震天鼓。帝旁投壶多玉女，三时大笑开电光，倏烁晦冥起风雨。阊阖九门不可通，以额扣关阍者怒。白日不照我精诚，杞国无事忧天倾。猰貐磨牙竞人肉，驺虞不折生草茎。手接飞猱搏雕虎，侧足焦原未言苦。智者可卷愚者豪，世人见我轻鸿毛。力排南山三壮士，齐相杀之费二桃。吴楚弄兵无剧孟，亚夫咍尔为徒劳。梁父吟，声正悲。张公两龙剑，神物合有时。风云感会起屠钓，大人𪨗屼当安之。

　　梁父，也作梁甫，是泰山脚下的一座不起眼的小山。张衡曾在他的《四愁诗》中说道："我所思兮在太山，欲往从之梁父艰。"李白在诗中所表达的意思，就是要事明君，拒谗巧。《梁父吟》是古代志士早年困厄的代表，而有志之士真的是洋洋洒洒不计其数。李白借用了这么多的前贤志士为自己的前途寻找乐观的依据，而且这种乐观还是建立在经过了数次干谒无果，并且遭到各种排挤的情况下。虽然经历了多次困境，也曾彷徨甚至放弃过，但是李白还是对自己的文笔和才华十分有信心。这种信心让他在受了伤痛后迅速地在患处结痂、愈合，尔后继续激情高亢地憧憬着自己的未来。

李白后来在游龙门之时将这首诗题在了香山寺的寺壁上，他对这篇作品之满意可见一斑。这表明了他的信心正在迅速地膨大，恢复为原来意气风发的他。

在李白游历嵩山、安陆、江夏的这些日子，李白又认识了元丹丘的从兄元演。两人一见如故，成为莫逆之交，他们常在一起把酒言欢，还一同前往隋州，拜访在那里隐居的胡紫阳。胡紫阳是司马承祯的再传弟子，也是元丹丘的师傅。大家在一起饮酒品诗，把酒言欢，这对于李白来说是人生一大幸事。

李白曾在《忆旧游寄谯郡元参军》中说：

……紫阳之真人，邀我吹玉笙。餐霞楼上动仙乐，嘈然宛似鸾凤鸣。袖长管催欲轻举，汉东太守醉起舞。手持锦袍覆我身，我醉横眠枕其股。当筵意气凌九霄，星离雨散不终朝……

这些见证了当时一种文人聚在一处的融洽气氛。

之后元演就在那里住了下来，李白和元丹丘回了嵩山。第二年，元演的父亲做了太原尹。所以李白又应邀来到了太原。

岁月就像是一条河，生命就是一场盛大的旅行。李白的生命中充满了新奇和多舛，但是却始终在美好的角落里留着神秘的风华。如莲般淡雅，如梦般旖旎。

爱妻辞世，东鲁安家

一曲心音，涤荡了世间的尘埃。

太原归来之时，李白在洛阳遇见了刚刚从蜀中返回的元丹丘。虽然是小别，但是也积攒了许多的话。李白讲了许多在太原的事情，元丹丘则说了家乡发生的变化。洛阳这座古城位于大唐的东部，城郭宫墙也都是繁华都城的样子。距离洛阳不远处的龙门，便是大历史学家、文学家司马迁的故乡。这里也是一处佛教圣地，有着许多名寺。

洛阳的牡丹也是远近驰名的，每当春天，李白便会与友结伴去洛阳看牡丹。看它们胜芳娇艳的姿容，心情也为之绽放。

那是一个春意暖暖的春天，一天夜里，李白与元丹丘在一个酒肆中对酌，不知谁家的玉笛漾出声来，凄婉悠扬的笛声在孤寂的夜晚像水纹一样一圈一圈地漾开来。这一阕古乐府的《折杨柳》让李白心生感慨，顿时，一首诗就浮现在脑海中，于是脱口吟出了《春夜洛城闻笛》：

谁家玉笛暗飞声，散入春风满洛城。

此夜曲中闻折柳，何人不起故园情。

李白原本打算在嵩山住一段时间，可是听了这揪心的《折杨柳》，就想马上赶回家中去。于是，李白第二天一大早便离开了这里。

李白刚走没几天，就有一位叫岑勋的少年来嵩山找李白。他是李白的仰慕者，当得知李白在不久前回安陆去了，心中十分失望。

元丹丘见岑勋这么失望，想到有仰慕者来拜访的李白一定非常高兴，所以就修书一封给李白，信中还附有岑勋的一首诗。说明了这个少年想早些见到他的急迫心情。

李白接到来信十分激动，尽管这些年来他社交广泛、诗名远播，但是却没有听见真诚的赞赏。有人不远千里来找他，这足以肯定他在诗坛的地位了。他想着年轻人的诗文也是不差的，如果能助他一臂之力的话，也是一件乐事。于是李白打点行装，连夜赶了过去。两人相见，果然志趣相投，结为莫逆之交。与元丹丘一同，三人谈古论今，把酒言欢，何其快哉。

李白的《酬岑勋见寻就元丹丘对酒相待，以诗见招》便是唱酬之作。

黄鹤东南来，寄书写心曲。

倚松开其缄，忆我肠断续。

不以千里遥，命驾来相招。

中逢元丹丘，登岭宴碧霄。

我草也是蓬蒿人 李白诗传

对酒忽思我，长啸临清飙。

塞予未相知，茫茫绿云垂。

俄然素书及，解此长渴饥。

策马望山月，途穷造阶墀。

喜兹一会面，若睹琼树枝。

忆君我远来，我欢方速至。

开颜酌美酒，乐极忽成醉。

我情既不浅，君意方亦深。

相知两相得，一顾轻千金。

且向山客笑，与君论素心。

在山中隐居得太久了，李白难免想起了自己的抱负，站在嵩山的顶峰，望着黄河水奔流不息。顿时感慨：

君不见黄河之水天上来，奔流到海不复回！君不见高堂明镜悲白发，朝如青丝暮成雪！人生得意须尽欢，莫使金樽空对月。天生我材必有用，千金散尽还复来。烹羊宰牛且为乐，会须一饮三百杯。岑夫子，丹丘生，将进酒，杯莫停。与君歌一曲，请君为我倾耳听。钟鼓馔玉不足贵，但愿长醉不复醒。古来圣贤皆寂寞，惟有饮者留其名。陈王昔时宴平乐，斗酒十千恣欢谑。主人何为言少钱，径须沽取对君酌。五花马，千金裘，呼儿将出换美酒，与尔同销万古愁。

黄河水奔腾东下，奔流入海的信念永不复返，遥望西蜀，慈母已经白发如雪，然而自己却还是功无所成。人生得意的时候便要尽欢饮酒，莫要那金樽空荡。既然上天让我存在，那就是因为我的价值不止是这样。在这里，朋友们对我敞开胸怀，青春易逝，岁月蹉跎转瞬即逝，要在能行乐之时尽兴才好。但愿长醉不再醒来，自古以来的圣贤都是寂寞的，只有饮酒才能消愁。要那主人唤出美酒来，与大家共消那亘古千年的愁绪。

这是李白心中疾呼的愁绪。怀才不遇的李白，他的悲哀总是悲而能壮，哀而不伤，既愤慨又豪放。那些人生易老的感叹，也是对仕途不顺的叹息。这首千古以来前无古人后无来者的酒歌，带着旷达豪迈，既劝人，又劝己。悲欢交接，有悲意而无哀声，整首诗就像海潮一样起伏，然后戛然而止。掷地有声，斩钉截铁。正如"古来圣贤皆寂寞，惟有饮者留其名"，这或许不是那样准确而真理，但是放在这诗中，整首诗的气氛告诉你，这是一句令你不得不信的话。

一首《将进酒》，尽现经历岁月沉淀后的痛定思痛，还有那投靠无门的遗憾，却也只能随风而去。我们却庆幸，李白留给我们如此丰盛的文学饕餮。他用自己悲壮，造就了历史的珍馐。

在外漂泊多日，李白回到了家中，他累了，倦了，便渴望家的宁静。然而，李白岁暮归来时却发现妻子许氏已经病了很久。

妻子曾经姣好的容颜，如今布满了岁月的痕迹；曾经明秀的双眸，如今已经失去了光华。曾经如水光年，如今也都变了迟暮岁月。诸多感慨，一齐涌上心头。他忙着询问病情，大夫说是产后虚损加上操劳过度所致。而李白的一双儿女也是面黄肌瘦、营养不良。

眼前的一切，让李白心生惭愧，这几年忙于奔波自己的仕途，没有尽到父亲、丈夫的义务。只是，韶光过了，就成了永远的遗憾，今生今世无法追回。李白借了钱，买了药，却不见许氏有任何好转。每顿每餐，李白都给一家人炖鸡、烹牛、宰羊、烧狗肉，甚至是自己动手不用他人帮助，他竭尽全力地去弥补。

李白愧悔交加，他不能报效国家，却连自己的妻小也跟着自己吃苦。所有悲愁的情绪，在他寂寥之时，如潮水一般汹涌而来。

时光辗转，就是半年光景。半年后，许氏终于撑不下去了，撒手人寰。她像一朵草丛里的小花，寂静地开放过，却在李白心中留下了难言的伤痛。

妻子的去世，成了李白一生都不能解开的结。她为他含辛茹苦，他却给不了她现世的安宁和富裕的生活。她一生凄苦寂寞，只为成就他的倜傥与潇洒。最后，她像风一样离去。许氏病故后，李白就将几十亩山地卖了，带上五岁的女儿，两岁的儿子，还有丹砂和碧桃，一家人前去东鲁。

李白远望家乡，满眼的离愁，虽然前路已明，却不知归路何方。也许，他在夕阳西下时手把栏杆，眺望远方，痴痴地望着妻子坟头的方向，不知今日可否重返，入梦乡。

东鲁也就是兖州，古称鲁郡。鲁境七百里有余，北有泰山巍峨，南有汪洋恣意，更有汶、泗诸水贯通东西。自古便是膏腴之地、礼仪之邦。之所以移居这里，首先是因为他有一位远房的表叔在任城当县令，而且还有几个远房兄弟在瑕丘等县城中做佐吏。虽然这些人都不是骨肉至亲，但是总算是沾亲带故，总算是有些依靠。

李白来到东鲁还有一个原因，就是与裴将军学习剑术，想借此博取功名。金吾将军裴旻，在开元前期跟随信安王西征吐蕃、北伐林胡。屡建奇功，深得皇帝的信任，并且以剑术闻名于世。与当时吴道子的绘画、张旭的草书并称为"三绝"。

裴将军那时也正在丁忧期间，闲居东鲁。李白对裴将军仰慕已久。李白南游江淮时的光景涌入脑海，耳畔又回荡着青石板传来嗒嗒的声音，余音悠长。

又见"衣冠半是征战士"，感"穷儒浪作林泉民"。那是一段留芳的佳话注入江南风雨，在秦淮两岸寂然绽放，静然传唱。

而且朝廷有诏，除了文学、德行以外，也颇重视"军谋将略"和"绝艺奇技"。于是，渐渐地李白萌发了弃文从武之心。因着李白有些剑术的基础，再加上跟着裴将军学上一段时间，必定有些造诣，说不定日后还能因此而有机会朝君封官，实现自己的梦想。

李白主意既定，便修书与裴旻。先是表明了自己的仰慕之情，接着阐明自己有干谒之意。最后写道："白愿出将军门下……"

当李白去拜访裴旻时，正赶上吴道子去裴府做客，于是李白便见到了"三绝"中的"两绝"。

席间，裴旻舞剑，吴道子作画，所见之人无不赞叹激动。其间，李白多次提到想与裴将军学习剑术之事，却被裴旻用其他话岔开了。

李白本以为裴旻是瞧不上他，然而裴旻的侄子裴仲堪告诉他，裴旻不仅精通剑术，还是通读兵书的帅将之才，可惜却为主将所忌惮，将其不断打压，使他不得不屈居人下，有志不能伸。因此，裴旻未到五十岁就已经解甲归田。其满腔的豪情，只能洒在夕阳的余晖中。

几年前，皇帝召见他于东都，却只是为了看他的表演，后来还赏赐了不少的东西。归来之后裴旻更加感慨，知道自己这身绝技也沦落到只供人观赏要些赏钱的地步了。一名真正的战士，却被当作戏子。裴仲堪劝解他：我也是空学了一身的技艺无用武之地，李兄既有满腹的文采，何必急于一时而投此陌路呢，莫不如教我写诗吧！

李白苦笑，有一种无奈的释然，原来家家有本难念的经啊！只恐怕自己这本经更难解。

在东鲁的日子里，有快意，也有苦恼。东鲁人虽然爽直，但是却比较拘泥于虚礼。他们崇尚孔子之儒学，自然见不惯李白的不羁放浪之气。面对这些人的嘲笑和讥讽，李白毫不留情地进行了还击：

鲁叟谈五经，白发死章句。

问以经济策，茫如坠烟雾。

足著远游履，首戴方山巾。

缓步从直道，未行先起尘。

秦家丞相府，不重褒衣人。

君非叔孙通，与我本殊伦。

时事且未达，归耕汶水滨。

《嘲鲁儒》就像是漫画一般生动。李白用自己独有的笔锋为鲁儒描绘出了一幅幅生动的姿态，也表达了自己变通应时、治国经邦的态度。可以肯定的是，不论是鲁儒抑或是汶上翁，李白都是不可能与之为伍的。

　　后来，李白来到了徂徕山，与孔巢父、韩准、裴政、张叔明、陶沔一同过上了隐居的生活。他们效仿魏晋时期以屋宇为衣裤的"竹林七贤"，号称"竹溪六逸"。李白很欢喜自己的住处，但是却美中不足的是，中年丧妻，鳏居无偶。

　　在亲友的撮合下，李白有了第二任妻子——寡妇刘氏。起初，刘氏听说李白是一位王孙公子，又是著名的诗人，而且走到哪里哪里都会有人招待他。刘氏嫁过来后发现李白竟然家徒四壁，还有一身的酒债。所有美好的愿望投影到现实中却一一落空。

　　一些田地也只够丹砂夫妇和两个孩子的日常生活，并且还要终年在田地里忙碌。刘氏开始后悔嫁给李白。李白虽开解过她，自己将来必会成大器，但是刘氏又怎会听信，后来李白也就由着她抱怨了，又开始到处奔波拜谒了。

　　家，对于李白已经再无宁静，他的心，只能寄托在未来的途中。每一晚雾霭轻烟缥缈的夜色，他幽幽地望着天空中如寒的纤月，偶尔也和着微微细雨，心中习习而来的，是一片泠凉。

　　念着往昔的岁月，李白的坐标像是平行了回去。回首的这一瞬，一脉情深凝，冷风如霜，吹散了那一层回忆里薄薄的暖。然而，他的人生还未息止，路终是要走下去。

第三章

浮生若梦似云烟

奉诏入京，备受赏识

如烟的梦境，锦瑟和弦，却刻下深深的鸿沟，重新干谒也是需要巨大的勇气，李白的月舞云袖，又怎经得住这一念的执着，相思成蛊的梦。可是，梦境只在梦中，醒了，也就碎了。那个温婉贤惠的妻子，那个光鲜的仕途，都不在了。

州县中那些官吏对于李白干谒一事都持一个态度：敷衍。唯独一个职权不大的小吏对李白有着莫大的照顾。

这天，李白在兖州西北的一个小县中闲酌，郁郁寡欢之时却有店小二来报，说故人来访。李白正纳闷是谁呢，走进来一位面生的三十岁左右的青年。这个人李白并不相识。

这个人提了两尾鲜鱼，一坛黄酒。走到李白桌前坐下来，将手中的东西相赠。李白不好接受这陌生人的礼，于是问与之相识否。来人仿佛知道他会这么问，便笑着说："在下自弱冠以来便诵先生之诗，久仰大名，诗卷中便日日相见，口碑中处处相逢，又怎会不是旧识？"

李白哈哈大笑，看这青年颇有豪爽之气，也就与之交了朋

我辈岂是蓬蒿人　李白诗传

友。于是便接受了这赠予之物，吩咐小二下厨做了去，与这名叫逢七郎的年轻人痛饮了一番。

其间，逢七郎想让李白留首诗篇作纪念，他将笔墨准备好后，李白便提笔写道：

鲁酒若琥珀，汶鱼紫锦鳞。山东豪吏有俊气，手携此物赠远人。意气相倾两相顾，斗酒双鱼表情愫。双鳃呀呷鳍鬣张，拨刺银盘欲飞去。呼儿拂几霜刃挥，红肌花落白雪霏。为君下箸一餐饱，醉著金鞍上马归。

李白感到意犹未尽，便又写了一首《客中行》：

兰陵美酒郁金香，玉碗盛来琥珀光。
但使主人能醉客，不知何处是他乡。

逢七郎如获至宝，喜不胜收。一份短暂的缘分，却使他心中格外疏朗。

天宝元年（742年），李白来到了浙江会稽，和一位名叫吴筠的著名道士居住在剡中，也是他诗中所说的"自爱名山入剡中"。

吴筠是一位喜欢读书喜欢写诗的怡情之人，对于李白的诗也是非常推崇的。两人常常在一起作诗论道，十分投机。不久，长安就来了诏书请吴筠进京。那时候，道士进京实在是平常不过的事情，唐代有很多道行资深的道士都曾获此殊荣。李白望着朋友西行的背影，不免心生感慨，自己这些年若安心修道，大概也能道名远扬了，那样也就可以被皇帝召见。

皇上啊，为什么要与道士谈仙论道，却不愿意同有志之士大谈政事呢。此时的李白并不知晓，皇帝在正月间就已经下了诏命："前资官及白身人有儒学博通，文辞英秀及军谋武艺者，所在具以名荐京。"

当然，李白没有获悉皇命，因为没有人举荐他。他像一颗珍珠，经历痛苦的打磨，却误落泥淖中，光芒被一层又一层的土遮住了。

开元二十九年（741年），元丹丘接到了赴京的诏令，李白听说后，便连忙赶到了元丹丘隐居的颍阳山，一来是道喜，二来是送行，对这位即将入朝的挚友寄予厚望。李白坐下来，见到镜中的自己鬓角已经有些华发，便伸手将其一并除了去。可是心中的沧桑，却是拂之不去的。元丹丘打趣道，不过是早生华发，又要除去做什么。李白惆怅地应着，嘴角扬起一丝苦涩的笑。他边说边走到案前，提笔写下了《秋日炼药院镊白发赠元六兄林宗》：

> 木落识岁秋，瓶冰知天寒。
>
> 桂枝日已绿，拂雪凌云端。
>
> 弱龄接光景，矫翼攀鸿鸾。
>
> 投分三十载，荣枯同所欢。
>
> 长吁望青云，镊白坐相看。

秋颜入晓镜，壮发凋危冠。

穷与鲍生贾，饥从漂母餐。

时来极天人，道在岂吟叹。

乐毅方适赵，苏秦初说韩。

卷舒固在我，何事空摧残。

读了这首诗，元丹丘便明白了，李白除去白发就是认为自己还未老，还有些用世之心，也就是在托他设法引荐。

元丹丘倒也是失落了一次，这样的挚友用这样的方式来说其引荐之事，着实见外啊！元丹丘当然知晓李白这些年来的志愿，两人虽异姓，但却比亲人还要亲上几分，又何须嘱咐。"此番入京，若见不到圣上，就是见到玉真公主也是会找机会举荐你的。"

元丹丘讲此番话时眼神笃定，李白便有了些把握。毕竟是一生的挚友，不是那些虚伪敷衍的官吏，自己又在担心些什么呢！于是两人为离别饮酒吹笙，依依惜别。元丹丘留给李白的最后一句话便是：贤弟且返回家中，敬候佳音。

等待是很折磨人的，明知道元丹丘入京后还会耽误些时间，第二年春天，他才会随玉真公主出行，数月后才能返京。举荐一事一定很久后才会有结果。但是他却是等待得快要发疯了。

妻子刘氏见李白情绪变化多端，言语间讥讽之意表露无余。李白摆出一副"天机不可泄露"的姿态说起故事来：朱买臣满腹经纶，却家徒四壁，不得已出去打柴来卖，也是很受妻子的嫌弃，后来终于当上了会稽太守，他的妻子追悔莫及，自缢而死。

李白倒是想不出那时候的刘氏会怎样看待自己。第二年的四月，元丹丘仍旧没有消息，李白受不了刘氏的叨扰，便去了泰山，独自排遣焦急的心情。

终于等到了这个时机，那便是天宝元年（742 年）八月，李白四十二岁之时，接到了朝廷让他入京的诏书。梦想走进现实的喜悦是无法言喻的，就像是雄鹰得到了展翅高飞的机会，有些小心翼翼，有些喜出望外，又有些不敢相信。

李白收拾行囊，前往南陵田看望孩子，写了《南陵别儿童入京》一诗：

> 白酒新熟山中归，黄鸡啄黍秋正肥。
> 呼童烹鸡酌白酒，儿女嬉笑牵人衣。
> 高歌取醉欲自慰，起舞落日争光辉。
> 游说万乘苦不早，著鞭跨马涉远道。
> 会稽愚妇轻买臣，余亦辞家西入秦。
> 仰天大笑出门去，我辈岂是蓬蒿人！

李白也在《别内赴征·其二》中写道：

> 出门妻子强牵衣，问我西行几日归？
> 归时倘佩黄金印，莫学苏秦不下机！

这首诗虽然带着戏谑之意，但是看得出李白对此次出行抱着多大的希冀。他连自己衣锦还乡的情景都想到了。

此时的李白正是春风得意，从东鲁到西秦有两千余里，李白只用了十日就赶到了。所有风景，都换作了精彩的面貌。所有旅途的劳苦，都被快意的心情所冲淡。

李白拿着朝廷征召他的文书，没有找客栈，径直找到专门接待四方宾客的招贤馆，等候召见。

在等候的日子中，他将旅途中反复构思的《宣唐鸿猷》改了又改，写了又写，终于将他观念中的关于太宗政史、宪章贞观、慎之重之、就重避轻地列了出来。唐玄宗十分隆重地召见了李白，当见到李白衣角飘拂、踱步潇洒的样子，当真以为见了仙。唐玄宗起座迎接李白，邀他在御座旁边的七宝床上坐下，端过一碗羹汤还亲自调了几下才给李白品尝。唐玄宗见李白喝着羹汤，便道："卿是布衣，名为朕知，非素蓄道义，何以及此？"这也是对李白道法品诗的极大的肯定。

李白被封为翰林待诏，留在唐玄宗的身边。由此可见，刚入宫时的李白是很受重视的，不管是不是仅仅在文学上而非政治上。但是李白刚开始还是参与些政事的，他会为唐玄宗起草诏书，有时军机大事他也参与讨论。据说，在李白处于半梦半醒之时曾经替唐玄宗起草了《和番书》，文辞酣畅淋漓，一挥而就，唐玄宗见了大喜。当然，李白家乡在西域，对少数民族的生活习性很了解。没有人比他更适合写这《和番书》了。后来的小说家将这件事写成了《李太白醉写蛮书》。

当然，这显然有些神化，但是起草《和番书》却是李白入宫后最为显赫的政绩。历史学家们一致认为，李白虽然一直被认为才气过人，但是却没多少人知道他在政治方面也是有才能的，或许不亚于他的文学。

李白得到唐玄宗的赏识十分快意，随唐玄宗去往骊山温泉沐浴后，还一连作了几首诗来表达自己心中的快意：

> 少年落魄楚汉间，风尘萧瑟多苦颜。
> 自言管葛竟谁许？长吁莫错还闭关。
> 一朝君王垂拂拭，剖心输丹雪胸臆。
> 忽蒙白日回景光，直上青云生羽翼。
> 幸陪鸾辇出鸿都，身骑飞龙天马驹。
> 王公大人借颜色，金璋紫绶来相趋。
> 当时结交何纷纷，片言道合惟有君。
> 待吾尽节报明主，然后相携卧白云。

这便是李白的《驾去温泉后赠杨山人》。

梦想照进了现实，此时此刻，李白前半生所遭受的苦难，都得到了完满的补偿。那些原来对自己冷眼相向的王公贵胄来巴结自己，他的心中除了鄙夷，实在再找不出能形容他们的词语。

李白太耿直了，虽然他有满腹新奇有效的政治主张，却不能成为一位成功的政治家。因为他欠缺在政治上的能力，然而自己并无此种意识。

李白没有想到，自己得罪了不少王公大臣，葬送了自己的前途。梦想成真诚然是再美好不过的，但是却不知是喜是忧。

烟雨蒙蒙，望眼欲穿，想长相守，却成了想想而已。碧波荡漾，骤然间，江南风华依旧在，而回首间，那些曾经幻想的美好，也渐渐地变了模样。

金龟换酒，翰林待诏

春风摇曳，潇湘夜雨，等待的日子就像是有无数条虫子在啃噬你的心，独上西楼的落寞变成了浅吟低唱的欢愉，而回首之后的台阶，却也只剩下了顺势而下而已。

李白在等待召见的日子里，总是会出门走走，看看几年未见的风景，品尝些佳酒美肴。

有一天，李白走进一处院落，这里比二十年前更宏伟和气派了些。院墙之内的松竹丛生，仿佛是谁的仙居。

大殿焕然一新，那尊老子一气化三清的塑像也重铸了金身。人们纷纷议论不久前皇帝前来拜谒的盛况，李白听在耳里，不觉抬头看了看牌匾上御笔"琼华"二字。大殿后新建了一座八卦亭，亭上的八根柱子上雕刻着金龙。亭内有一座高台正居中央，高台上放着一幅老子的画像。

李白本是好奇，但没想到，走近一瞧，这墨宝不是出自吴道子之手又会是谁。吴道子在召入内廷后，除非有皇帝的诏命，否则是不可以作画的。想到这里，李白又是大惑不解。带着这份不

我辈也是蓬蒿人 李白诗传

解之心，李白走出了大门，正欲离去时撞见了一位老翁。老翁鹤发童颜，衣衫整洁朴实，却透着一股仙气。他手拄一根筇竹杖，像极了画像中的寿星模样。

李白不禁驻足，老翁也停下脚步来观察李白。李白报出姓名，想问问老翁的名字，却不想造次，直问那根筇竹杖是否为临邛山中千年之物。老翁也就开腔询问，原来老翁是贺知章。

李白连忙叩拜，贺知章也是心中感怀。他以前就听说过李白的诗名，却没想到会在这里遇见。贺知章携了李白去了紫极宫的客堂坐下，道士斟上茶后，两人聊了起来。李白很小就知道贺知章的诗文。

《咏柳》："碧玉妆成一树高，万条垂下绿丝绦。不知细叶谁裁出？二月春风似剪刀。"诗中美如玉人的杨柳姿态甚是窈窕。

《回乡偶书》："少小离家老大回，乡音无改鬓毛衰。儿童相见不相识，笑问客从何处来？"无奈与思乡之喜交加。

贺知章笑着说，难得还有人将我年轻时的山歌小调背得这样熟，那《咏柳》是年轻时写的，《回乡偶书》则是五十岁时写的。现在又是三十年过去了啊！

感叹时光匆匆，时光抓在手中的时候总是不觉得它有多么珍贵。总是要在它失去以后才知道，原来的时光即使是再经历不好的事情，却也回味无穷。

贺知章想拜读李白的诗文，李白身上只带着《蜀道难》，便交予了贺知章。

贺知章接过诗卷，慢慢地读起来。渐渐地，贺知章的脸上出现了惊喜的表情，然后赞不绝口，直到读完后，无法表达自己的心情，只能说一句："真是惊天地泣鬼神啊！"

面对这样有为的年轻人，贺知章眼中多了些敬重，笑着打趣道："你是太白星下凡吧！"李白见他如此风趣，慢慢地放下了初见老学者时应有的庄严，两人开怀大笑。眼看天近晌午，两人便去酒家小酌一番，结账的时候两人还抢着付账，谁知两人偏偏都忘记带银子，贺知章大度地将腰间佩戴的小金龟解下给了店家。

分手时，贺知章还对李白说："我这秘书监，再不济也是经管图书的三品官员，在皇帝面前说几句话的机会还是有的，老夫明日便去早朝奏一本，让皇上亲自召见你，你就在招贤馆候着吧！"

果然，没几日皇帝便下旨召见李白。李白从招贤馆搬进了大明宫翰林院。唐代的翰林院是一处网罗天下文辞经学之士的地方，这些人也常会被皇帝问话。唐玄宗时期又选了些文学之士设翰林院待诏，与集贤院学士分掌书敕文书等事务。

所以李白的这个职务，说白了就是为皇帝草拟诏书。当然，皇帝如果要出游时，他也会随侍身旁，写些诗词歌赋来供皇帝娱乐。

宋代程大昌的《雍录》中写道："如李白辈供奉翰林，乃以其能文，特许入翰林，不曰以某官供奉也。"也就是说，李白虽然能常常随侍皇帝身侧，却仍旧是一位没有官位的布衣。唐玄宗给他的位置是点缀生平的帮闲文人。

刚入宫时，李白对自己的实际地位缺少认知。他总得意于皇帝对他的恩宠和实现理想的现状，以为只要在皇帝身边有朝一日就会飞黄腾达。甚至有些时候，翰林院每人领一匹马他都会高兴一番："朝天数换飞龙马，敕赐珊瑚白玉鞭。"

皇上与妃嫔们在后宫宴饮行乐之时，李白就会被召去助兴，根据《本事诗》记载，唐玄宗"尝因宫人行乐，谓高力士曰：'对此良辰美景，岂可独以声伎为娱？倘时得逸才词人吟咏之，可以夸耀于后。'遂命召白。时宁王邀白饮酒，已醉，既至，拜舞颓然。上知其薄声律，谓非所长，命为宫中行乐五言律诗十首。……白取笔抒思，略不停辍，十篇立就，更无加点，笔迹遒利，凤跱龙拏，律度对属，无不精绝……常出入宫中，恩礼殊厚"。

翰林院是一个精致的四合院，院子里种的都是各种各色的竹子，有虬龙盘空的龙竹，有娟秀细腻的紫竹，有碧绿浅纹的琴丝竹，有泪痕斑斑的湘妃竹，有高耸入云的南竹。院外就是金銮坡，可是这里却完全没有金碧辉煌的宫殿那样宏伟。相反，却有着别样的幽静雅致。可能与凤尾森森、龙吟细细的氛围有关系吧！

这几日，翰林院的门槛都要被踩烂了，大家都想来一睹皇帝亲自召见的翰林学士是什么仙风侠骨。

首先是翰林院的同僚。那自称是活神仙张果老的老人说他已经活了几千岁了，尧统治时期便是侍中；邢和璞则说自己能掐会算，深知过去未来的旦夕祸福；师夜光能视通幽冥，据说他可以看见鬼神；还有一个叫孙甄生的，能让石头打架、扫把走路。

李白自然不相信他们的鬼话，但是也不得不与之应酬一番。李白的名声传得沸沸扬扬，就连得宠的杨贵妃都召他去表演了很多次，而同朝为官的官员中，张垍却是第一个来拜访的。他的模样还似从前，口口声声叫李白为"故友"，李白却是听着不顺耳，但是本着"君子不念旧恶"之心，依旧对他以礼相待。更何况张垍是掌管翰林院之人，也就是他的上级，今后有什么事情还要与之协商。就像这新人初到，就有许多的规矩让他讲解。

张垍也向他说起过，翰林院也就是翰林待诏。言下之意，不可以随意走动，除了十天一次的沐浴日可以外出，其他的时间都必须在宫中等候随时下达的诏命。李白从此后便不再随意走动，也不敢恣意饮酒，唯恐坏了事，误了天下苍生的社稷大业，有负圣明天子的厚望。

每日，李白就在院中温习经史，将那些历史文人和名臣贤相的事迹一遍遍地拿出来研读。那部《贞观政要》他都可以倒背如流了。

那段时间，李白写的诗文都是报效国家的。李白那段时期的状态，就像是一匹千里马被套上了络头、配上了鞍鞯，以为即将驰骋万里了。

转眼到了十月。这天，内侍前来传旨，命李白前往圣驾所在的骊山温泉宫。李白以为在温泉宫召见他应该是闲谈政事，所以就将那篇《宣唐鸿猷》带在了身上。

骊山在长安以东四十里处。李白飞身骑上御赐的飞龙马，手执御赐的珊瑚鞭，身后跟随着浩浩荡荡的侍从。他们出了春明门，过了长乐坡，过了浐桥、灞桥，足足半日才到。骊山脚下，树木葱郁，冬天也不会凋谢。赭色的宫墙里宫馆林立，成了一座山城。山林处的清幽、长安城的繁华奢靡这里全都囊括了。不愧是皇帝常会来休息游玩的地方，比起围墙里的宫城，这里确实有着别样的仙境韵味。

由于有温泉，所以这里的温度四季如春。夏天，因着这里树木众多、人烟稀少而比别处凉爽许多。唐玄宗每年都会在这里过冬，也会来这里消暑。自开元以来，每隔两三年这里就会修葺扩建一次，在那半山腰修建了一处供皇帝斋戒的长生殿，而山下也修建了一处专供杨贵妃沐浴的华清池。

　　奢华的骊山也是李白在多年前只能在外观望的地方，现在得知其内的意境，也算了了李白年轻时的一个愿望。

　　初见时的凝眸，一见倾心。再相见这骊山，却多了份百转千回的苍苍，夜未央，春宵残梦又深刻。他不知道，今生能享受这骊山风雨快意到何时。

即景吟诗，应酬无暇

油墨画卷，缓缓打开。梦中无数次出现的溪水、拱桥、琵琶和悠悠清风，忽然间刺激着你的视觉。李白的心，彻底被那风雨沉醉了。

李白刚到温泉宫，便感觉这就是传说中的瀛洲、蓬莱，一定就是仙山吧！此处烟云缭绕，迷雾缭绕。第二日，赐浴；第三日，赐宴；第四日，赏游山。各种各样的赏赐和优待令李白有些昏昏然，觉得皇帝十分赏识自己。

谁知将近半个月过去了，仍旧没有皇帝召见他的消息。他只能听得夜里从山上的宫殿中传来阵阵声乐丝竹，清远悠扬，到了半夜更是清晰。

只听得歌词依稀是："趁天风，惟闻遥送叮当。宛如龙起游千状，翩若鸾回色五章。""伴洛妃，凌波神渚；动巫娥，行云高唐。音和态宛转悠扬，更泠泠节奏应宫商。""步虚步虚瑶台上，飞觞引兴狂；弄玉弄玉秦台上，吹箫也自忙。凡情仙意两参详。""银蟾亮，玉漏长，千秋一曲舞霓裳。"

想必只有那《霓裳羽衣曲》才会像琼浆玉酿一般醉人了吧！李白也渐渐地听醉了。据说这曲子是皇上夜游月宫听来的，也算是颇有仙音的曲子。

可是在这样享受的时刻，李白仍旧不忘皇帝会召见自己，然后谈及政治文学。

于是，不明就里的李白便问了同来的官员，皇帝何时才会升殿议事。大家在回答不知晓的时候，皆用一种奇怪的眼神打量他。甚至还有人问他：有何事如此重要，要圣上在这里上朝见官。

后来，一个端茶送水的侍从告诉李白，皇上正在和杨娘娘排练《霓裳羽衣曲》，还升殿作甚。再说这政事内有高将军，外有李相公，又哪里用皇帝操心呢！侍从最后还不忘嘱咐李白，有福就享，何必管那些呢！

李白知道，再问下去也是无趣，便静心等待了。

许久，内侍传旨下来，令李白去面圣。李白以为是要去商议国家大事，连忙穿衣整冠，俯身阶下，结果却听圣旨讲让他作一首诗，关于驾幸温泉宫。于是他提笔便写《侍从游宿温泉宫作》：

羽林十二将，罗列应星文。

霜仗悬秋月，霓旌卷夜云。

严更千户肃，清乐九天闻。

日出瞻佳气，葱葱绕圣君。

内侍忙将诗作呈到皇帝面前。皇帝看后，下旨赐宫锦袍。显然，这是对李白的赏识。李白望着这件金线盘花的锦袍，更加觉得皇帝对他恩重如山。几句小诗就能得到这样的赏赐的确是不在多数。

就这样，李白屡次得到赏赐，在亟思报效的心情中他度过了人生中最得意的冬天。

天宝二载（743 年）的春天，骊山外的世界只有点点绿意，池边的柳树才吐出星星嫩芽。内廷中歌舞升平，夜夜笙歌。李白奉旨作《宫中行乐词十首》还未半月，星星点点的绿意就蔓延成了满园春色，李白又奉旨作了《侍从宜春苑奉诏赋龙池柳色初青听新莺百啭歌》。

三月里，陕郡太守兼水陆转运使韦坚，引浐水到御苑的望春楼下汇聚成潭。这浩大的工程完成了，便以新船数百艘标上全国各州、各郡的名字，摆上各州、各郡的名贵地产，载着无数歌伎舞女，唱着清河天宝年号的《得宝歌》："得宝弘农野，弘农得宝耶。……三郎当殿坐，听唱得宝歌。"

那领唱之人，便是李白的好友崔成甫。受到上司韦坚特别赏识的崔成甫昂首挺胸，身着春装，在船队的前头高声歌唱。

第二日，船队到了望春楼下，官员们都向唐玄宗献上各种各样的山珍海味、奇珍异宝。唐玄宗十分高兴，在望春楼下大摆筵席，整整热闹了一日。

于是，李白又奉旨作了《春日行》。春暮时分，兴庆宫中牡丹满园，唐玄宗陪着杨贵妃在园子里品评各种牡丹。尤其是那名贵的品种"姚黄""魏紫"更是突出。本应由李龟年率领的梨园子弟助兴演奏的表演临时换了由李白写诗助兴。由此，就有了《清平调》三首：

我辈岂是蓬蒿人 李白诗传

其一

云想衣裳花想容，春风拂槛露华浓。

若非群玉山头见，会向瑶台月下逢。

其二

一枝红艳露凝香，云雨巫山枉断肠。

借问汉宫谁得似，可怜飞燕倚新妆。

其三

名花倾国两相欢，长得君王带笑看。

解释春风无限恨，沉香亭北倚阑干。

李龟年领着众乐工，按照曲谱和新词，敲丝竹、击檀板。唐玄宗和杨贵妃便在一旁饮酒、欣赏，非常惬意。

这三首诗以牡丹为衬托，写杨贵妃美得自然高贵，当场就赢得了杨贵妃和唐玄宗的极度称赞。特别是李白在半醉未醒之间，大笔一挥，一蹴而就。加之杨贵妃亲自捧砚，高力士脱靴，就成了那千古的美谈。

唐玄宗对李白的召见不由得多起来，差遣的频繁，李白也就得到了从大明宫的翰林院迁至兴庆宫的旨意，以便皇帝随时召见。

皇帝派了两个宫女专门伺候他，吃食也变得越来越丰盛了。每日除了丰盛的佳肴，还有西凉特供的葡萄美酒一壶。衣服更是不用发愁，冬季还未过完，春装就已经做好了，春季还未走过，夏装就已备好了。

杨贵妃怕他寂寞，还特意赐给他一只陇西进贡的鹦鹉。那只鹦鹉用一根黄金做的小链子拴着，挂在檐下，每日宫女喂它食物时，还时不时地教它李白的诗文呢。

李白这时衣食无忧，翰林院的人对他望其项背，三品五品的文武官员也是红了眼。一些王孙贵胄来邀请他赏脸参加筵席时，还生怕请不到回去丢脸。每日的宴会让李白应接不暇。

人生斗转，尽是辉煌的故事。

在沐浴日休息的那天，在徐王李延年府中的宴会还未结束，李白就被汝阳王府的李琎的人接走了。而刚刚从左司郎中崔宗之的宅子里走出来，张垍兄弟三人派的人早就在门口候着了。这个沐浴日还未完，玉真公主就叫元丹丘务必将他请去玉真观。

那时的李白真的是京城中的红人、忙人！这样的生活，曾一度使他如痴如醉，可一场场欢宴过后，李白却渐渐厌烦起来。

又是一个沐浴日，李白起了个大早便从兴庆宫溜了出去。他只是想过一个没有阿谀奉承，没有王公贵族，没有那些烦扰的应酬的平凡、清静的一天。想来想去，这样的地方也只有南门里兰陵坊一带才会有吧，就是慈恩寺周围，不仅风光无限好，重要的是人烟稀少。那里虽在闹市中，却有着乡村般的静谧，妙不可言。

李白信步穿过朱雀门大街，径直走向南门。在花圃、池塘、荷花、菜畦间漫步一圈，看着远处几处竹篱茅舍，不由得停下脚步慢慢欣赏这里的静谧。在南门附近，李白在一家十分简陋的酒家坐下来。这里打扫得很干净，有一种自在舒服的感觉。

李白点了壶极普通的米酒和精致的小菜，自饮自酌起来。虽没有宫中的美酒佳肴那样美味，却带着自由的芳香。

随后，李白就势在酒家的小土炕上入了梦乡。他梦见平阳和伯禽两个孩子在与自己嬉耍。他正玩得欢，却不想被人摇来晃去，李白不想从梦中醒来，就一直睡着。岂料一盆冷水将他浇了个透心凉。他无奈醒来，却见到几个内侍站在小土炕前点头哈腰地道歉，解释着说，找他找得好辛苦，皇上正在白莲池泛舟，等着他回去呢！

李白还昏昏沉沉的，就被这几个侍卫强拉上马车。一股醉意涌上来，他强忍着，却不想马车因为赶路颠簸，他实在忍不住，就吐了起来。终于到了地方，却不想李白衣衫上一片狼藉。这怎能上得了龙舟呢？内侍匆匆禀告高力士，高力士于是吩咐弄几碗醒酒汤。

当李白抬起眼皮看见高力士用手绢捂着口鼻，阴阳怪气地说话的动作，不由得气从中来，想着只配给皇帝提夜壶的阉人有什么资格嫌弃自己。可是又转念一想，自己何必与这等阉人斤斤计较，就也由着他们折腾自己了。

李白勉强换了身干净的衣服，就被内侍扶上了龙船，正欲进去，却得到旨意在船头的一处小桌上写首《白莲开花序》。

李白从未觉得作诗这样困难，坐在那里半天，却没有想出一个字。他努力地控制自己，不要写出"后世子孙切切勿为翰林待诏"的话语。夕阳即将西下，才将这首诗呈给皇帝。之后，也不知是娘娘嫌他酒气过重，还是皇帝嫌他文思迟钝了许多，从此以后李白就很少接到奉召了。而且还被下旨从兴庆宫搬回大明宫的翰林院。这时，奉上长生不老秘方的张果老却加授了"银青光禄大夫"，乔迁到皇帝御赐的大宅中去了。

京城的夜很美，但是现在的李白却没有心情，听着远处传来打更的锣声，深呼吸，轻推半窗，扑面而来的晚风也带上了忧愁，深呼吸间，蔓延在心间。

我辈岂是蓬蒿人 李白诗传

友泄怨言，己忧前途

美好的景色会让人沉醉。夜也是景，梦也是景，忧也是景，喜也是景。

漫步在山麓间，李白却猛然发现，有些事情或许很重要，但并非重要得令人割舍不下。

终南山麓，竹林深处，有一座小小的山庄，与这里的气质相吻合的不仅仅是这座房子的气氛，更是居住在其中的老翁。

只见门楣上挂着一个木牌子，上面写着："斛斯山庄。"李白穿过苍翠的竹林，叩响庄前的小门，出来迎接的童子恭敬地称他"李学士"。这斛斯山人就是贺知章。显然，贺知章知道李白要来造访，便叫那童子准备了茶点。

李白才从紫阁峰下山而来，与山上的老道辩了一日的《道德经》。贺知章知晓后，便戏称他必深有体会了。是啊，"祸兮福之所倚，福兮祸之所伏"，这道理还真是经久不衰，经过这样长时间的洗礼，却愈加历久弥香。得意时呼风唤雨，失意时无人问津。贺知章大约猜到了什么，也就不再问了，毕竟自己是位隐者，对世事还是不想接触太多。

贺知章慢慢岔开话题，问李白元丹丘为何没有相随。李白也收拾了心情，没有再往深了说。元丹丘刚为玉真公主写了《受道灵坛祥应记》，随后又奉命到华山采药炼丹去了。元丹丘原是道士，本质是清静无为的，但是却因皇命被找去做什么长生不老之药。原只是会些吐纳之气、养生之道，可是要做什么莫须有的长生不老药，也确实苦了他。现在的元丹丘在皇家指定的"炼丹处"也只能是将参、苓、术、草之类开胃健脾之药合上几服，以应付差事。

李白讲到这儿，也是一阵大笑，引得贺知章也笑了。贺知章请李白饮一杯佳酿，李白也称赞这酒实在是美味，不似皇宫中的香甜，却有着美酒的刚烈味道。

月光灼灼，撩得人无奈技痒。李白对着月光大喊："若夫一枝之上，巢夫得安巢之所；一壶之中，壶公有容身之地。况乎管宁藜床，虽穿而可座；嵇康锻灶，既烟而堪眠。岂必连闼洞房，南阳樊重之第；赤墀青琐，西汉王根之宅……"

这是庾信的《小园赋》。在李白的心中，住进皇宫，只是因为自己想要报效祖国，想实现自己这一生立志要做的事情。而现下的状况离自己预计的太过遥远。

李白越饮越醉，越醉越多些恣意。他索性放纵地在这小庄中放声高歌，渐渐地传向远方。不一会儿，传来了琴声，荡漾在山麓间，舒适自在。

几间小茅屋，屋后是菜畦，屋前面是些应季的花草。美如仙境，自由的感觉深深地刺激着李白的心灵。这让他有种错觉，这才是生活，这才是他一直追求的，而不是那狗屁仕途。

天宝二载（743年）秋，在一处油漆剥落、年久失修的院落里，堂下摆放着几盆将养很好的菊花，案几上随意铺着几幅山水画——李思训的《蓬瀛图》。这里就是太子宾客贺知章的家。在那一片无垠的海洋中，云雾缭绕、汹涌澎湃的波涛将那三座仙山轻轻地缠绕。道中的重峦叠嶂，青竹翠松让李白好像真的进了一处仙境。

仙岛远处的一叶扁舟挂着白帆，而李白，也就此沉浸在了这里。看罢《蓬瀛图》，贺知章从屋外走进来，手捧了吴道子的《东篱图》。笑着让李白坐下，陪他一同看看这吴道子进宫前的画作。

画上几丛菊花，一带疏篱，篱边一位年事已高的老者，手执拐杖，半斜身子。微露脑袋，眼睛直直地看着远方，而远方，也只有淡淡的影子而已。秋风胡乱地吹着他的衣带，天空之上也因着一抹舒卷的云彩而淡薄。

这画作之意，处处透露着休闲，而恍如隔世，李白似乎真的见到了"采菊东篱下，悠然见南山"的陶渊明。陶醉中，被茶的香气吸引回现实。贺知章正拿着茶壶向两只瓷杯中倾入浓浓的茶水。

李白边坐下边说道："这谢赫六法，首标气韵生动。李将军金碧山水，吴道子水墨人物，这二人都已经将此境界达到了巅峰，却不知这吴道子进入宫中之后便不能再随意作画，也不知是对人之将祸将福。"

突然间，李白想到了紫极宫八卦亭中那幅老子的画像，便笑着问贺知章，那幅画作是吴道子的近作吧！没想到，却将贺知章满腹的牢骚勾了出来。

皇帝现在追寻什么长生不老药、升仙术，却不知自己找来的那些个装神弄鬼的江湖术士是如何胡编乱造蒙骗于他。讲的那些谄媚之言又是如何一桩桩、一件件做到极致，讲到皇帝的心坎里。

要说他们本领不大，又怎能通过察言观色就得知皇帝的心意。除了些观人脸色的本事，还有就是钱能通神，就像是一条蛔虫一般在皇帝所在的宫殿中左右逢源。

那高力士，也渐渐权倾朝野了。近几年，天下四方凡是有表想奏，必先呈给高力士，然后由高力士过滤一下再呈交给皇上。小事情，高力士就自行决定了，而大事情也只是通报皇帝一声而已。

前年，高力士又被加封冠军大将军右监门卫大将军。就连其他几个宦官的头头也被封了将军。贺知章越讲越气愤，诉了诉近几年来的苦，感慨皇帝已不是当年励精图治的皇帝，并讲了那些发生在皇帝身边的人和事情。

李林甫、宇文融、安禄山、高仙芝之辈都是靠着高力士取得些将相高位。哪些朝代都是有宦官权势大的，但是且问那皇帝是否感觉到了他权倾人主？你猜皇帝如何说："只有高力士当值，我才睡得安稳。"

皇帝倒是睡得安稳，可是恐这大唐江山已经动了根基，不安稳了！求些什么长生不老之道，看看我这老不死的，如何能活到八十岁而眼不花、耳不聋、走路无碍？因着我不过食肥甘、不乱进丹药，也不沉溺于女色。总而言之，自己如果要作践自己的话，也绝不会活到这年龄有我这样的体魄。而唐玄宗已近花甲，

我算也是蓬蒿人 李白诗传

却将自己的儿媳妇扒了来，夜夜笙歌，这不是自作孽嘛！

那贵妃也是作了不少的孽，她不知道自己喜欢的吃食有多么难弄到。单说这荔枝，每年不知道在路上累死了多少匹好马，而沿途又践踏了多少庄稼。听说每年都会有无辜的人被踩踏而死。不是眼睛不受用来不及闪躲被踏死，就是在地里拾麦穗被踩死，要么就是老人家腿脚不灵光做了马下魂。那些差人也只是为了保住自己的脑袋挑近的路走，其实于情于理他们无可厚非，而要怪，却真真要怨上那祸国殃民的红颜祸水啊！

最后，贺知章舒了口气，很久没有这样激动了，将自己平时隐忍的话都讲了出来。其实在他看来，这太平盛世应该是快要到头了。

那段时间，有人暗中在终南山修建庄园，准备隐退朝野了。贺知章这一顿的牢骚倒是发得彻底。也像是开了壶盖的沸腾的水一样，得到了发泄的出口，但是，这块大石头却又落到了李白的心中。

听了这些，李白开始思考，在这样的朝廷自己到底会不会有好的发展。若有好的发展，自己又是否会变成那些连自己都瞧不起的迂腐酸臭的文人。而现在的皇帝，值得他去付出吗？

自己这么多年一直在为仕途努力。现在好不容易得到了自己想要的一切，而自己又该怎样抉择，是要放弃那些荣华富贵，做回自己，还是坚持自己的梦想，坚持自己的仕途，通过自己的努力改变这样的现状？

不断的迷茫和抉择在李白心中萦绕，夜已深沉，沉到最阴霾的深处。

饮中八仙，文之奇才

在这美如画的风景中，李白突然想开一家酒楼。

这样迷雾连连、轻盈焚香的美境，的确很适合做些自己喜欢的事情。而那些忧伤就像是花瓣一样，渐渐地流向远方。

于是在天宝二载（743 年）的冬天，长安城中开了一家酒楼。酒楼门前挂着又大又厚的棉门帘，凡是有客人来，推门声响就会吸引店小二去撩起那厚重的门帘，好让客人进入得更加容易些。进入酒楼就会感受到温暖如春的气息，屋中烧着熊熊的炭火，而在一间包厢中的大圆桌上，却已是杯盘狼藉。"酒中八仙"在这里饮酒作乐，真是又快活又伤感。

贺知章坐在首席，满脸涨红，脱去帽子的他露出一头华发，笑开怀时早已没了牙齿。邻座的是汝阳郡王李琎。贺知章喝多了便也不在乎什么姿态地位，打趣道："花奴儿，亏着你是一位郡王，皇帝的侄子，不想见到那卖酒曲的小贩一经过，眼神就随着去了，早已垂涎了！"而李琎也不让贺知章，笑着"回敬"："我听说你有一次吃醉了酒，便跌进了井中，你那一口的牙就是那时

我辈岂是蓬蒿人·李白诗传

候掉的吧！"贺知章大笑。

李白随即想到了一个谜语，便叫众人猜猜看："贺监捧腹——打一成语。"李琎当然知道，便毫不留情地讲出来："一望无涯（牙）。"这下子全宴席的人都哈哈大笑起来，贺知章看着李琎，眼中仍旧带着笑意，语气中却含些不知名的情绪："你这小子脑袋这样灵光，怪不得皇帝夸奖你呢！"

李琎也扯出一个无奈的笑容："皇上夸奖我，却累得父亲惶恐万分，忙跪下来说我不成材。也幸得皇上'安慰'我父亲说，花奴儿才艺非凡，却欠缺刚毅果断，不是帝王之才，大哥不必多想。这样父亲才松了口气。"

贺知章继续打趣道，既然你父亲将江山都让了出来，你又何不效仿，将这郡王之位也让了吧！李琎拍手称道，真是没想到，这是一个绝佳的主意啊！如果真可以的话，自己去请求当个酒泉令，每天玩玩羯鼓，喝喝酒，过着自己喜欢的生活又何乐不为。可惜，这也只是一个不可能实现的梦罢了。

李白看着李琎这位风流快活的青年郡王，没想到他有这样难言的苦衷。渐渐静下来后，却听见有谁在饮酒，并发出"啧啧"的响声。原来是左丞相李适之在自饮自酌，沉浸在自己的世界中。贺知章看着他着实伤感，却大笑道："看这样子，活像是只鲸鱼在喝水啊！百余条河水给他都不定够他喝的。你家中终日摆宴，却也不够你喝？"

李适之半眯着眼睛，半是回应半是自语："酒是能够喝的嘛！"说了一句，顿了顿，又吟了首诗："朱门长不闭，亲友恣经过。年龄将半百，不乐复如何？"

贺知章接过话来："当时那样精明、干练之人，何时变成这样子了，你是怕那两足狐？"李适之从容地答道："狐假虎威，焉得不怕？"

左司郎崔宗之拿着酒杯，倚在窗户的竖杆处独自忧伤，看着头顶的月亮，贺知章毫不客气地将他拉回现实："你这小崔儿，袭封了齐国公，又在伤感些什么？"崔宗之慢慢地低下头，饮了一口酒，悠悠开口道："这样没才能的人，也只能依靠祖荫，得了个一官半职也不能做些什么，又有何用，只是坐着吃俸禄罢了。"

崔宗之说着话，却将注意力慢慢地转向旁边"逃禅侍郎"苏晋身上。只见苏吏部对着空酒杯在发呆，大家看着这情景都不禁想开开他的玩笑，贺知章还是充分地发挥了他人老为尊的"风格"，继续到处打击人："苏吏部，听说那慧澄和尚送了一幅弥勒佛的绣像，你是成天供在家中的。你为何如此喜欢弥勒佛呢？"

苏晋碰到这样严肃的问题，虽然问的人有打趣的成分，却还是一本正经地回答："因为弥勒佛喜好饮酒，这点与我不谋而合，所以我专供他。"而贺知章仍旧一副咄咄逼人的架势，问道："那请问这逃禅侍郎，你究竟是逃进呢，还是逃出呢？"苏晋仍旧一脸严肃地回答："遇事逃出，遇酒逃入。"李白不禁拍案，好一个"遇事逃出，遇酒逃入"，真可谓是逃禅的三昧真言了。

其实李白也在心中感慨，早年间人称王粲的苏晋，这通身的气质，又留下哪些当年"建安七子"之一的王仲宣的慷慨义气？又是怎样的经历，才能将那通身的气质磨灭得一干二净？

焦遂实为布衣，原是口吃，酒宴刚刚开始时也没有说过什么话，却在进酒后大开话匣子，全然忘记自己是口吃。被李白称为

我辈岂是蓬蒿人　李白诗传

"足下可谓遣怀无术，忘世有方"。焦遂苦笑着拱拱手。

"草圣"张旭一手草书写得出神入化。饮酒初始先是乐呵呵地与人攀谈，却在饮酒之后独自端着酒杯坐在那里发呆。不想在众人不注意之时，张旭大喊了一声，贺知章看了一眼那大壶酒都空了，忙叫人拿来笔墨纸砚，收拾了一处干净地方。原来张旭的酒瘾上来了，连书瘾也犯了。张旭脱了外衣摘了帽子，胡乱抓起笔来，便洋洋洒洒地开始专注于自己的书法。

李白走上前去，只见雪白的纸张上留下了渐渐氤氲的墨渍。写了一张、两张、三张都不过瘾，最后竟将头发都散开来，活像是一个疯子。却不想这样的发泄方法，将他的书法带到了另一境界。"乐圣避贤"四个大字足占了一张大纸，笔锋坚韧又带着隐忍，李白发自内心道："乐我杯中圣，避他讨人嫌。"众人皆会心一笑。

众人正围观得起劲时，忽然有几个侍卫闯了进来，叫着"李学士奉诏"。李白向那炕上一斜，高声叫道："李白一斗诗百篇，长安市上酒家眠。天子呼来不上船，小臣臣是酒中仙。"几个侍卫本想走上前来将其拖走，却被贺知章拦住了，随便用了个"李学士醉了，不能奉诏"的理由将那些人打发了。然后李白走到张旭的书案前，抢过张旭的笔，用其独有的粗狂草书题了首诗：

天若不爱酒，酒星不在天。

地若不爱酒，地应无酒泉。

天地既爱酒，爱酒不愧天。

已闻清比圣，复道浊如贤。

贤圣既已饮，何必求神仙。

三杯通大道，一斗合自然。

但得酒中趣，勿为醒者传。

此诗为李白的《月下独酌·其二》。众人皆是意味深长地思索着。是啊，其中滋味，真是不足为外人道。

李白等待了三年，终于等到表现的机会，而不是为皇帝或是嫔妃吟诗作乐。

当内侍从汝阳郡王府的庆贺新春的宴席上找到李白时，半醉半醒的他听说皇上找他去兴庆宫勤政务本楼时，真是狠狠地兴奋了一回。

唐玄宗早已在楼上饮茶等候李白了，文案前的文房四宝皆已准备妥当，炉火也是烧得恰到好处。唐玄宗先让李白起身来饮一杯沏好的新茶，然后便将诏令的大意给李白讲了，让李白据以写份诏书。原来是吐蕃在三年前攻占了青海的石堡城，他认为这是对大唐的不臣之心，虽然也出兵讨伐过，却没有合适的将才，出师不利，还是除不掉心头的大石。

近几年，朔方节度使王忠嗣出师桑乾，几战皆胜，皇上十分高兴，封其为左武卫大将军，想让他带军去讨伐吐蕃，最后，皇帝还引经据典："书云：'戎狄是膺，荆舒是惩。'"总而言之，全文想表达出的意思，就是让那吐蕃知道我大唐的厉害。李白只是考虑到了如何将那篇文章写得振国威、颂扬厉，犹豫着向皇帝提出一些要求。他便开了口："想请皇帝赐臣子无畏，臣神旺气足，方能尽其所能。"皇上饮着茶，说道："但做无妨。"

李白没了顾忌，一边构思一边想抬腿踩在御榻上，却有脚上的靴子硌着，可是刚刚洗好的手已拿了纸笔，再去摸靴子实在不便。于是叫站在一旁的高力士将其脱下。

高力士怔住了，还没有皇帝以外的人叫自己做这些事情，还犹豫着要不要帮忙，却看见自己的手不自觉地摸上了那靴头，李白就势抽出了脚。于是，高力士便将另一只已伸在自己面前的靴子也脱掉了。

正当高力士后悔刚才怎么没想到叫个小太监来帮忙时，李白已经完成了千字有余的诏书，洋洋洒洒，内容堂皇，措辞更是大气磅礴。文不加点，除了字迹任何污点都没有，干干净净却透着一股神圣不可冒犯的威严。

皇帝龙颜大悦，直夸李白是奇才，并吩咐高力士，明日上朝颁诏以后，当授卿中书舍人之职。自此之后，李白便司掌诏命，代王拟言。

李白高兴得一夜未睡，却也不知这到底对自己来说，是福还是祸，自己未来的路，会不会一帆风顺。

午夜梦回，细雨飘风微凉，李白怕自己从美梦中惊醒。

朝堂昏暗，赐金还山

　　流年渐渐转换，容颜的痕迹渐渐加深，每夜细数着时光，李白的心情不知该如何形容，是忧是喜已经不足以道出，赏花的心情却已经没有了，梦境中的那个自己，究竟不是自己，只是梦而已。

　　李白认为，皇上在吃喝玩乐了这么长时间，终于想要在这不明朗的政治上做些弥补的事情了。而且也对自己终于做了些正经事而高兴。很快，皇帝就要当众授予他中书舍人的职位。这个职位仅仅次于中书侍郎，而中书侍郎上面就是中书令，中书令再往上那就是宰相了。

　　中书舍人的主要任务就是为皇帝起草诏令，当然，在一些情况下还可以直接参与机密大事的讨论与决定。不仅是官职，就连职务也和宰相相似。

　　青年时期，李白为自己定下"愿为辅弼"的愿望。李白认为，自己不久将会成为第二个张九龄，却自动地过滤掉了张九龄被李林甫所谮得到的罢相下场。李白想到以后便可以有自己的住宅，也可以与儿女团圆，非常开心。

李白第一次上朝，有些紧张，所以当他早早地赶到大明宫时，却没几个人。而当那些官员陆陆续续打着哈欠来的时候，已经过了以往早朝的时辰。就连皇帝自己，也是过了卯时才升座。皇帝太久没有上早朝了，以至于将所有人的懒虫都养得肥硕起来。而上朝的第一件事情，就是宣布即将班师出征的诏命。于是，朔方节度使、左武卫大将军王忠嗣等纷纷上前听旨。

只见朝臣中走出一位身着戎装，年方四十，身高七尺的男子。仪貌堂堂，英姿飒爽，气度更是从容不迫。见到他的模样，就会想到他运筹帷幄之中、决胜千里之外的姿态，让人心生敬佩。接过诏命的他没有神采飞扬的神态，却有些许忧虑之色。只见他犹豫再三，得到皇上的准许后，高声说道：

"臣之先父，为国死难，殁于阵前。臣自幼蒙主上隆恩，养于禁中，赐名忠嗣。国恩家仇，无日或忘。虽屡有微功，未足以报。自陛下授臣重任以来，窃思当年提刀跃马，斩将夺旗，乃匹夫之勇，实非报国之上策。

"臣愿效战国李牧、西汉李广，以持重安边为务。人不犯我，我不犯人。人若犯我，以逸待劳，必操胜算。万里边疆，固可不战而定。否则，征伐频繁，徒劳无功，兴师动众，动摇国本。昔汉武好四夷之功，虽广获珍奇，多斩首级，而中国疲耗，几至危亡。晚年悔之，改弦易辙，息兵重农，方使国家转危为安。

"况石堡险固，易守难攻。若贸然出师，屯兵坚城之下，必死伤数万，然后事乃可图。臣恐其所得不如所失，故请休兵秣马，伺其隙而取之，方为上计。伏望陛下三思。"

王忠嗣的这番话，让李白出了一身的汗。其实李白如果是在其他场合听得这番话，必定会上前紧紧握住王忠嗣的手说："听君一席话，胜读十年书。"当他沉浸在自己的思索里时，朝堂上一片寂静，而当他回过神来，朝堂依旧寂静。他悄悄抬头，看到唐玄宗阴沉的脸色，他又慢慢地低下了头。大臣们也是面面相觑。宰相李林甫站出来说道："陛下有诏，唯命便是忠，这天下事都是皇上的家事，你们这等百般推阻，又是为何？"接着又举出了四不像的引子：瞧那宫门两旁立着的立仗马，每天只是乖乖地站着，不吱一声，享受的便是三等的俸禄，但凡发出了声音，那就是人头落地。

这一番说辞，却惊了李白，不是因为惩罚如此之大，而是他恍然发觉，这样的宰相也能做得了这许久一人之下、万人之上的位置。这个朝代是真的像外表那样繁华昌盛吗？

李白正想仗义疏言，却被身旁的礼部员外郎崔国辅拉住了。

王忠嗣紧接着趋利避害、苦口婆心劝解皇上。他最终语重心长地说："朝廷频年出兵，今关中壮，已征行略尽，孤儿寡妇，遍于京畿。臣非贪生怕死，实不忍以数万人之性命易一官。愿陛下亦下轮台之诏，杜邀功之途，则社稷幸甚，苍生幸甚！"

王忠嗣此话说毕，便在朝堂上磕起了响头，一声声、一下下，血染红了地面，却不见王忠嗣有任何停下来的迹象。皇上没有做任何表示，草草退了朝。

李白回到翰林院，拖着犹如几百斤重的双足，心情沉重。他找了一壶酒，提着壶，扯下红盖子便豪饮。眼中浮现的是王忠嗣

我辈岂是蓬蒿人 李白诗传

满脸的鲜血和他的话:"臣非贪生怕死,实不忍以数万人之性命易一官。"

正当李白决定给皇上上书时,忽然有人来找李白,推门直入,是崔国辅。崔国辅是李白青年时游金陵时认识的。两人志趣相投,尤其喜好乐府诗。崔国辅的小诗更是与李白的清新、自然风格相似。崔国辅入朝为官,当过集贤殿直学士,后来又调任礼部员外侍郎。

十年的为官经历令崔国辅疲惫不堪,早就磨平了棱角,当年的雄心壮志早不知扔到了何处。而后在翰林院见到李白,他羡慕李白的意气不减当年,诗情更是胜出当年。这虽然让他敬佩不已,却也十分担心。

这里是朝廷,不比其他地方,是一处官官相护的地方。这里的昏暗又怎是刚入朝的李白所知道的。今日在朝堂上看见李白欲将所想奏明,恐怕他出乱子,白白断送了自己的仕途。这时候见到李白正要给皇帝上书,更是抓住他的手慢慢地劝说。

原来,王忠嗣是皇上最心爱的将领,更是从小看着他长大的,皇帝知道他绝无二心。幸亏是王忠嗣,换作别人,下场一定不同。在这些年,朝中内幕他已经知晓。

天宝三载(744年)春,李白权衡了再三,终于上书"还山"。唐玄宗没有挽留,赏赐了不少银两。

李白就这样捧着"赐金还山"的手敕,呆了半日,痴痴地,像是被惊破了一场梦境。想当初听人说唐玄宗是一位绝世明君,招贤纳士更是做足了功夫,可是现在,自己维持到现在的梦破碎得不堪入目。打破这梦境的是现实，赤裸裸的现实。

恍惚间，李白觉得自己好像宋玉。宋玉是楚襄王的良臣，行事高风亮节，才华出众不说，更是一表人才。但是这样完美的人却遭人好生嫉妒。那些善妒小人换着法地诬告他。后又告他好色。其实真正好色的就是那些登徒浪子，他们却劝楚王不要让宋玉出入禁中。结果楚王真的听信了这些小人的话，将宋玉赶了出去。

于是李白写下了《宋玉事楚王》的古风一首。

> 宋玉事楚王，立身本高洁。
> 巫山赋彩云，郢路歌白雪。
> 举国莫能和，巴人皆卷舌。
> 一感登徒言，恩情遂中绝。

后来，李白又觉得自己像是被遗弃的妇人一般，虽然品貌端正，人也正值花季，却因夫君薄幸而令色未衰却爱先弛，最终被抛弃。想那山中的藤萝还有松柏可以依靠、托付，自己却连草木都不如啊！于是，李白又写下了《绿萝纷葳蕤》古风一首：

> 绿萝纷葳蕤，缭绕松柏枝。
> 草木有所托，岁寒尚不移。
> 奈何夭桃色，坐叹葑菲诗。
> 玉颜艳红彩，云发非素丝。
> 君子恩已毕，贱妾将何为？

最后，一首古风《秦水别陇首》更是道出了李白这颗破碎的心难以道出的感情：

秦水别陇首，幽咽多悲声。

胡马顾朔雪，躞蹀长嘶鸣。

感物动我心，缅然含归情。

昔视秋蛾飞，今见春蚕生。

袅袅桑结叶，萋萋柳垂荣。

急节谢流水，羁心摇悬旌。

挥涕且复去，恻怆何时平？

在天宝三载（744年）暮春的一天，李白终于取下了头顶的学士帽，脱掉身上的宫锦袍，换上了三年前穿的平民服饰，离开了翰林院，离开了曾经带给他快乐，又很伤感的大明宫，离开了长安。那条通向商洛、南阳的大路上，洒下了自己多少的辛酸与苦楚。

一切，只有岁月记得。

伤别故友，李杜相会

月光洒在心田，留下了微凉和戚戚，独独少了温暖。踏着细碎的流年红尘，细数着自己的伤口，低头却发现，已是满目疮痍。慢慢拼凑时光，信守千年的承诺呢？不见了！

李白望着这带给他无比荣耀的京城，顿时心凉。早在李白想要离开前，贺知章就已经离开了。天宝三载（744年）正月，贺知章再次向皇帝提出想要成为道士。那时的贺知章已经八十六岁高龄了。他想返回家乡，大有落叶归根之意。

其实如果真想究其原因，可能只有对朝廷完全失望，才会令贺知章有这样的举动。唐玄宗准许了，而且在他走的那天赋诗践行，还举办了盛大的饯行酒宴。那日的宴会甚是热闹，上至皇帝、太子，下至黎民百姓，都在长安东门外的大长乐坡来送他一段路。

李白也参加了这次的宴会，宴会盛况空前，可他却没有感受热闹的心情。李白在宴会上应皇上的要求，为贺知章写了首《送贺监归四明应制》。

久辞荣禄遂初衣，曾向长生说息机。

真诀自从茅氏得，恩波宁阻洞庭归。

瑶台含雾星辰满，仙峤浮空岛屿微。

借问欲栖珠树鹤，何年却向帝城飞？

此诗里有"何时还能回归长安，回到皇帝身边"的意思，可是，李白自己也知道，这只是台面上的话，必须说得好听，那时候的贺知章对朝廷的失望，是不会因为一首诗而改变的。

李白在私下也送了贺知章一首诗，《送贺宾客归越》：

镜湖流水漾清波，狂客归舟逸兴多！

山阴道士如相见，应写黄庭换白鹅。

诗中只是对贺知章可以还居故里，过上归隐的幸福生活而感到十分羡慕，并没有一丝一毫想他再次归来的意思。

诗文的最后两句是用了东晋大书法家王羲之的典故：王羲之非常喜爱白鹅，而山阴的一位道士想请他书写《黄庭经》，就是用白鹅做的报酬。

贺知章是当时有名的以草隶见长的书法家，李白在赞赏他的书法之外，还鼓励他将那"白鹅换书"的故事重演。不要怕失去，只要心态好，失去是获取更好的开始。贺知章的离开，让李白深感震撼。好像走的并不只是贺知章的人，还有李白在京城少有可以谈天说地、把酒言欢的忘年交。贺知章的走，大多是对朝廷的不满。这种决然的态度让李白对朝廷也产生了不小的动摇之心，前车之覆，是后车之鉴。

李白感到孤独，并不是因为好友的离开，而是心中的不满。在院落中自饮自酌的李白写下了《月下独酌》四首。

其一

花间一壶酒，独酌无相亲。

举杯邀明月，对影成三人。

月既不解饮，影徒随我身。

暂伴月将影，行乐须及春。

我歌月徘徊，我舞影零乱。

醒时同交欢，醉后各分散。

永结无情游，相期邈云汉。

这偌大的京城，却感觉如此狭窄，如此不容人。京城就像是一座围城，在城外的人千方百计地想要进来，而进入城内的人却想着什么时候能出去。这或许，就是无法磨灭的心伤吧！

终于，李白离开了皇城，带着失望和孤独。

天宝三载（744年）五月，四十三岁的李白遇见了唐朝的另一位名垂千古的大诗人，那就是杜甫。那时杜甫只有三十二岁，他对仕途也充满了期待。杜甫真的像李白年轻的时候，奔走各处诸侯，但屡次干谒均失败。几年之后，虽小有名气，但是却仍旧苦无进身之门。

那时候，杜甫住在姑父家中，姑母视如已出，姑母却不幸已于前年去世。姑父很看重他的才华，因此杜甫从偃师县陆浑山庄家中来到东都洛阳之时，一切都像是姑母在世之时的模样。

陆浑山庄简陋，却居住得十分舒适，杜甫和夫人杨氏刚刚成亲不久，也是想好好珍惜感情。只不过谋仕途之心却占了杜甫极大的比重，所以，他来到了这翰墨之场极多的东都洛阳。

杜甫从二十四岁进士及第以来，一直无人问津，所以仍旧是一介布衣。他心中当然会压抑，东都洛阳的纸醉金迷、官场中的尔虞我诈，都令杜甫无法忍受。在杜甫苦闷得无法倾吐之时，最想做的便是找一位志同道合的朋友一吐衷肠。这时候，杜甫听说李白"赐金还山"。对于李白的大名，他耳闻已久，可惜却一直苦无机会相见。

李白二十五岁初游江东之时，杜甫在河南巩县（今巩义市）只是一个十四岁的少年。虽然往来中原，但是在杜甫出游吴越之时，李白却远在江淮。

这一次，杜甫终于有机会能与心中渴慕之人见面，喜不自胜。

杜甫也不是没有担忧，这位曾经的待诏翰林学士，又是敢让"高将军"脱靴的狂客，可是愿与自己这样的山林野逸相交？

想来好像自己在高攀，但是转念一想，自己曾游历那些翰墨场，也曾受到过郑州刺史崔尚和豫州刺史魏启心衷心的夸奖，说他的文章像班固、扬雄。而且文坛上赫赫有名的李邕和王翰也是一位"求识面"、一位"愿卜邻"。

虽然他们大有激励后辈之心，但是自己总算初崭头角，在干谒不成的这几年，也写了几百首诗篇，《望岳》《登兖州城楼》《房兵曹胡马》《画鹰》等，自认为是毫不逊色的。

所以，杜甫鼓起了勇气，参加了洛阳人士为李白的洗尘宴会。

当杜甫步行至天津桥南著名的酒商董糟丘开的"洛阳酒家"时，宴会已经开始了。主客们忙着向李白敬酒，却没有人向李白引荐杜甫。

杜甫不骄不躁，坐在一侧便慢慢地打量李白。本应身穿学士服的李白今日只着了一身葛服，头戴角巾，完全是隐士的打扮。不是满面意气、放荡不羁的狂人吗？面前这位，身坐主席，虽气宇轩昂，但是眉目间却有着淡淡的愁思，笑声爽朗，仔细听来，有些勉强之意。当人们向他询问翰林学士的生活之时，李白很巧妙地避开了那些话题。

大家在宴席上皆忙于客套，没有人注意到的事情却落在受到冷落的杜甫眼中。偏偏这受到冷落的杜甫让李白更为注意。起初，李白只是注意到席间有人频频向自己投来敬慕的神色。慢慢寻找之后，便找到了屈居末位，却镇静自若的杜甫。在李白眼中，这面容清癯、身着素衣的青年有着超凡脱俗的傲骨。

李白向邻座之人打听杜甫姓名，邻座之人却用那满含食物之嘴吐出"杜二"二字。李白听后站起身来，举起酒壶挨桌斟酒，然后走到杜甫的面前，神色轻松而带着看待十几年前的自己一般，思绪不免有些羡慕："让我向'会当凌绝顶，一览众山小'的作者杜子美敬上一杯美酒！"

杜甫完全没有想到李白会这样为自己斟酒，原本激动的心情更平添被赏识的满足，种种情绪掺杂在一起，使得杜甫连酒杯都没拿稳，刚刚斟满的酒洒出了半杯。

李白却毫不在乎，继续斟满后，杜甫不知该说什么，只能一口饮尽杯中的酒，然后拱手向李白恭敬地施了个礼。李白也欠身，拱手。杜甫看在眼中，却渐渐地模糊，李白的眼中闪烁的是亲切的亮光，两人都没有再说什么，却感觉说了很多，已经成为莫逆之交。

第二日，杜甫拜会李白的寓所，两人畅谈许久，直至夜幕已深。

李白讲述了待诏翰林与"赐金还山"这其中真正的现实。最后总结道，待诏翰林前期是骑虎不敢下，而后期则是攀龙忽堕天。李白说这些的时候，杜甫却对其中滋味想得透彻，原来杜甫十分羡慕李白，但是现在却明白了初见他时为什么会有一种隐士扮相，面容萧索之态的原因。杜甫不禁感慨万分，但又无法安慰，只能说是塞翁失马、焉知非福。

李白却叹息，只怕这祸还没完啊！高力士未报脱靴之仇，张垍没消夺袍之恨，又怎能轻易地善罢甘休呢？于是，李白就将自己想要从高天师受道箓之事讲了出来，并告诉杜甫，遁入方外，便是三十六帝之外臣，不受那帝王权贵的约束管辖，又怎会受他们的叨扰。

李白想到这儿，又摇着头念了两句诗："抑予是何者？身在方士格。"已是身在方土，他们还能拿我怎么样呢？杜甫同情地看着李白，只能说："吾兄用心可谓苦矣！"

接下来的几天里，杜甫都与李白在一处，听李白讲述在长安的所见所闻，然后以诗会友，又传神地讲述了在京城中的"酒中八仙"是怎样的姿态，聚会之时又是何等场面。

杜甫听后便将个人之神态写在诗中，便有了《饮中八仙歌》。只不过每人三句描述，却将每人之神态气韵描写得分毫不差，像是自己在场一般，李白连连称赞，简直就是顾恺之的笔墨啊！杜甫连说过奖。其实杜甫也只是想从李白那里学些一二，却不知自己和李白一样，是各领风骚数百年的人物。当人们回忆起唐朝诗人之时，又何时将李杜二人落下过。

那时候的李杜二人不知，将来他们的诗篇，就是中国文坛上少有的璀璨明珠。就像是一弦锦瑟弹奏出的华美乐章，李杜二人的诗篇也会在红尘中随着烟波迷雾渐渐清晰。正像是蓦然回首间，忽然间看见灯火阑珊处，那颗明灭可见的明珠，闪耀在历史的夜空中。

人生好似一段旅程，匆匆赶路的同时别忘了留一分心情欣赏沿途的风景。到达终点不是人生的目的，一路的天高云淡、鸟语花香，才是真正的收获。

受箓入道，石门惜别

搁浅的往事，是凄美的，也是伤情的。缘分聚散多情，这些美好，也会铭记于心。时光的闸门在心中渐渐泛起了涟漪。谁能比相聚的时光更加飞逝。心碎的感觉是何，而欢快的时光又是何？

本想多聚些日子，但是李白想早些去开封拜托族祖李彦允代为专请，请北海高天师受道箓。而杜甫也要为刚过世不久的继祖母写墓志。两人既然都不能再耽搁，就约定即日起程，然后于秋后在梁园重聚，一同访道求仙。

开元年间的宋州已经改名叫睢阳郡了，但是城东的梁园却一直是一处旅游胜地。他们在梁园重聚之时，也恰好遇见了高适。高适，原籍渤海，却久居宋州，梁园附近就是他的居所。他在开元末期被封为邱县县尉，却因不得志辞官归来，过起渔樵的生活。杜甫是他的故友，而李白与他算是新识，于是便相约一路同游。

高适想趁着这秋高燕飞的大好时机，在两院的孟诸大泽打猎，胜过那访仙问道。梁园里三人都是好酒量，可三人醉酒之态却大不相同。高适是酒越多，话越少，虽说数杯难醉，但是却就是有话不讲。杜甫则是喝多后比平时更加狂放，激烈许多，一改平时老成之态。李白喝到半醉之时就会放声高歌，喝到大醉就会拔剑起舞，颇为放肆！

在打猎之时，李白最活跃，高适最沉着，而杜甫则是最有耐心。每当李白打下一只大雁，都会高兴得不能自已，将大雁举过头顶，边策马边大叫，一口气足足能跑几十里。原本是要回西南的睢阳，却兴奋地跑到东北的单父去了。这可害苦了高适和杜甫，让他俩好找。

李白在梁宋之游每日做的都是寻欢作乐之事，每天都非常高兴，杜甫很欣慰地认为李白这是放下了心中的烦闷，已经过得非常潇洒了。但是，杜甫却低估了李白内心受到的折磨。

有时夜间，杜甫会听见李白说梦语，有时也会听见他高声呼救，知道李白的梦魇，便知晓了他心中的创伤，并不是一时三刻可以消除的。

原来李白要去受道箓，有很大的原因是想除去自己的痛苦吧！这样想着，杜甫越来越难以安眠。

天宝三载（744 年）十月，在济南郡道教寺院的紫极宫里，传来了声声钟响。香烟烛火熏得院中白鹤都搬了住处。这里，正是李白这位新道徒入教仪式的场所。

院中有一处高约三尺的土坛，四角均张挂着神幡，上面画着八卦。土坛周围是祭祀用的粗麻绳，麻绳上挂着纸钱，当中的大神案上供着众神的牌位。

高天师特意从北海郡赶来，此时正披头散发、踏罡步斗。十几位信徒神色严肃，衣冠整洁，他们每个人都将手背在身后，一个跟着一个地环绕在神坛前，边走动口里还振振有词。

转眼已经过了七天七夜，除了凌晨有片刻的休息时间，吃些素食喝点水，大多时候都是昼夜不眠地在重复着之前的事情。

好不容易到了第七日的上午，高天师重登土坛，大家打起十二分的精神，走完最后一圈，然后就齐齐地向土坛前集合，受高天师的"道箓"。

李白已经身体十分虚弱，冷汗满身，处于半昏迷的状态，而当高天师喊他的名字时，他却不得不慢慢地举步向前，实在站不起来就让人搀扶着。

然而高天师的"真言"，他也是只听得断断续续，越发不清晰："凡道士者，大道为父，神明为母，虚无为师，自然为友……慎言语，节饮食，勤修炼，戒嗜欲……炼尔冰雪之容，延尔金石之寿。……"

当李白从高天师手中接过白绢朱文写的"道箓"，将其束在左肘时，他已耗完了所有能用的力量，软软地瘫了下去，幸亏有两位小道士搀扶。

李白昏睡了三日。当他从昏迷中醒来时，真是万幸自己过了那七日最煎熬的受箓时光，正式成为道教的弟子。这样一来，李白便名隶紫府，品登仙箓，如此便可以了却凡尘，忘情尘世，也就会将自己永远拯救于愁苦中。

李白回到了东鲁，用唐玄宗给的钱造了一幢酒楼，邀请裴旻叔侄和孔巢父等人三日小聚、五日大聚，其实更多的是李白自己在楼上的窗前饮酒来麻痹自己。后来，李白又用唐玄宗打发他的钱造了一座丹房，造了一眼丹灶，还亲自带着人上山去采集矿石，然后生火炼丹，自己则是夜以继日地守在丹炉前。李白看着那五颜六色的火焰，做着梦，梦境中自己已升了仙，过上了神仙般的日子。而当他守够七七四十九天后，那五颜六色的矿石已经变成了灰白色的粉末。李白怀着英勇就义的心情吃了下去，却不想肚子坏了三日。即使这样，他还是不停地做着这些自己都不相信的无用功。

李白是在用这样的方法来消磨自己的意志，而妻子刘氏原以为李白会高车驷马，载着满车金银归来。没想到李白一身道服，依旧两袖清风。唐玄宗赐的钱财，李白不是造了酒楼就是建了丹房，剩下的几乎没有多少。刘氏闹着要走，李白也就随她了。刘氏走了，老天却偏爱李白，让"海石榴"来了。这"海石榴"原是邻家之女，因为丈夫在海外发了财，有了新欢，将她给休了。李白收留了她。也幸得"海石榴"的照顾，李白才幸免死于酒精和丹药之毒。

第二年的夏天，杜甫邀请李白去济南。济南郡李之芳是北郡太守李邕的从侄。他见郡中的古亭年久失修，即将倒塌，就出资重新修成了新亭。新亭落成那日，便是聚会之时。宴会中，李白不但见到了杜甫、高适，还见到了二十多年前的渝州刺史，现在的北海太守李邕。

李白与李邕两人相见，刚开始没有太多言语，就那样互相看着对方，却不约而同地哈哈大笑起来。李白苦笑着，叫李邕莫再取笑。欢笑满堂。李白望着这位年近古稀的老人家，越老越精神。不愧是名扬天下的贤太守，不畏权贵的干将、莫邪。李白讲述了他在京城"攀龙堕天"的经历，李邕则倾诉了屡遭贬谪的苦难。

开元十三年（725 年），唐玄宗东封泰山之时，李邕是陈州刺史，有令名，所上辞赋亦称旨，他便以为可当那宰相之职。当然，有那李林甫之辈，这哪能得以实现，不但没有得到升迁的机会，反而反遭他嫉妒，用各种各样的理由贬排他。虽然李林甫是小题大做，但是也看出了李邕确实是他所畏之人，恐他夺了相位。否则又怎么会三番五次地遭贬谪。李白听了这样的遭遇也是身临其境般地感同身受。其实，生死有命，富贵在天，生死已置之度外的人，又怎怕这些小人。大家听了，都唏嘘不已。

这年秋天，李白和杜甫又在鲁郡北郭的范十山庄盘桓了数日。范十是在济南李之芳宴席上结识的一位隐士。他居住的这处地方甚是幽寂僻静，吸引李白和杜甫登门造访。却不想这山路实在太过崎岖，李杜二人迷失了方向。

当找到范十山庄之门时，李白都等不及待那小童去通报，就径直闯入门内。范十刚开始没认出来这两位衣冠不整、满身狼狈的人，定睛一看，脸上便从吃惊转为喜悦。这两位诗坛的新星如此狼狈模样，真是好笑。

范十吩咐小童去拿新鲜的瓜果蔬菜，还有家酿的黄酒来招待这两位稀客。酒过三巡，这三人仍旧兴致不减，天南地北，奇闻逸事无所不涉。但是却绝口不提自己的功名以往。随后李白喝得情绪高涨，便脱了外衣摘了帽子，躺在一块大石头上引吭高歌："渴不饮盗泉水，热不息恶木阴。恶木岂无枝？壮志多苦心。"这是陆机的《猛虎行》。

直到夜半时分，月亮正正地挂在头顶，他们才意犹未尽地进屋休息。在范十庄上逗留了近十日。他们白天饮酒散步谈心，夜晚便挤在一处共枕而眠。范十感慨道："你们两个，还真是像亲兄弟。曹丕的那句'文人相轻，自古而然'却真真极不合你俩。"

临别之时，范十也邀请这两人赋诗留念。李白的《寻鲁城北范居士》，杜甫的《与李十二白同寻范十隐居》，纷纷是对这里的快乐生活说"再见"。李白和杜甫两人的分别之日也到了。李白在尧祠石门为杜甫践行。

两人都是风中的蒲公英，没有根，不知身往何处。功不成，只有每日的痛饮才能解片刻的愁绪。杜甫脱口成诗：秋来相顾尚飘蓬，未就丹砂愧葛洪。痛饮狂歌空度日，飞扬跋扈为谁雄？

何时再见，又何时才能干上几杯兰陵美酒。

于是，李白也赋了一首《鲁郡东石门送杜二甫》：

醉别复几日，登临遍池台。

何时石门路，重有金樽开？

秋波落泗水，海色明徂徕。

飞蓬各自远，且尽手中杯。

两人就此拜别，不久后，李白便去了江东，杜甫则上了长安。虽然两人身在各方，却心在一处，互相给予诗语，各抒别情。

杜甫寄给李白的诗篇大多留有底稿，而李白之于杜甫的，却失散了大多。

诉尽无数的缠绵，却始终在一处空旷的世界里彷徨。

即使岁月可能已经握不紧、抓不牢这些，可是时光深埋的东西总有一天会用它独有的光芒来让人发现它，然后缠绵地活在这个世界。

我辈岂是蓬蒿人 · 李白诗传

黄粱一梦，故地重游

夜里的寂静总让人心旷神怡，可是时间多了，就会体会到静得可怕的凄冷。晚风温柔地吹着，却吹乱了惆怅，而非发丝。不留任何痕迹，却在脸上留下深深的年轮。被斥去朝这件事，对于李白的打击实在过重。即使那道篆上的咒符也不能将其压制得住。

每日整坛的烈酒不知饮了多少，成罐的丹药，实为饮鸩止渴。这样糟践自己的身子，任谁都忍受不了。李白终于弄垮了自己的身体，大病了一场。这一病，便是半年之久。直到天宝五载（746年）的秋后，这病才算是好了些。

李白还是想出游，家人极度地反对，怕他再次弄垮自己的身子。可是李白是李白，又怎会恋得那些。

李白最恋的，其实是名山胜景。那种环境带来的感觉能涤净自己内心的愁绪。很久以前，贺知章就给他介绍过越中的山水。想起贺知章讲过的天台山和天姥山，也想起谢灵运写的诗句："暝投剡中宿，明登天姥岑。高高入云霓，还期那可寻？"李白便更加向往。

一日在梦中，李白梦见自己飞过了镜湖，飞过了天姥山，月光下的景观被蒙上了一层淡淡的纱，非常朦胧，非常美丽。重峦叠嶂，峰峦高耸入云，誓与天际比高，连成一片的天地没有尽头，好像整个空间见不到了其他，他正在寻上山的路，准备拾级而上，却被身后的异光吸引，转头看去，就见到了海上日出的奇观，侧耳，便听到了天鸡报晓的鸣叫。

幽岩绝壑，奇花异草，却都不是人间所有的。李白正在心神凝旷之时，天色渐暗。因为大雾迷蒙，大约到了日落时分倾盆大雨将至。

李白本想找个地方躲雨，却忽听得似野兽的叫声，又似龙的吟啸，又像是熊的张狂呐喊。真的山欲振，雨欲下，倾盆大雨及至。

天崩地陷，正震惊，但也得找个地方躲避。最终李白误打误撞找到了一处在崩陷之处的一座洞府，却深不见底。那半空中好像是蓬莱仙岛，日月同辉的场景在那处却显得那样平常。

忽地见一群仙人，纷纷穿着霓虹衣裳，坐在鸾凤彩车上，苍龙在前面引路，白虎在旁做卫。密密麻麻，熙熙攘攘，他来不及闪躲，被挤下了云彩，他从梦中猛然惊醒。

这个梦境像极了李白刚入长安的景象。那拔起之于天姥山，不就是帝京之于长安？那一夜的飞度，扶摇直上，不就是当年奉诏入京？那山中莫测的云雨，不就是君心难测？那山中的仙人，又何尝不是长安中的达官贵胄？那神仙洞府，不就是皇宫内院？那一跤跌下云端，不就是赐金还山？

原来三年的待诏翰林生活，就是黄粱梦一场啊！既然是黄粱一梦，而自己又何必这样介怀，原本荣华就是东逝之水，过眼云烟，自己又何苦留恋它？自己何苦去低眉顺眼，点头哈腰地侍奉权贵？不如做一介布衣自在快活。

别了，心中的长安城。于是，李白便写出了《梦游天姥吟留别》：

海客谈瀛洲，烟涛微茫信难求。越人语天姥，云霞明灭或可睹。天姥连天向天横，势拔五岳掩赤城。天台四万八千丈，对此欲倒东南倾。我欲因之梦吴越，一夜飞度镜湖月。湖月照我影，送我至剡溪。谢公宿处今尚在，渌水荡漾清猿啼。脚著谢公屐，身登青云梯。半壁见海日，空中闻天鸡。千岩万转路不定，迷花倚石忽已暝。熊咆龙吟殷岩泉，栗深林兮惊层巅。云青青兮欲雨，水澹澹兮生烟。列缺霹雳，丘峦崩摧。洞天石扉，訇然中开。青冥浩荡不见底，日月照耀金银台。霓为衣兮风为马，云之君兮纷纷而来下。虎鼓瑟兮鸾回车，仙之人兮列如麻。忽魂悸以魄动，恍惊起而长嗟。惟觉时之枕席，失向来之烟霞。世间行乐亦如此，古来万事东流水。别君去兮何时还，且放白鹿青崖间，须行即骑访名山。安能摧眉折腰事权贵，使我不得开心颜！

李白在南下越中的前夕，东鲁的友人们都在给李白的践行宴席上请李白赋诗留念，李白便将这首《梦游天姥吟留别》留了下来。并且在这题目的下面，加上了"留别"二字。

李白如此地渴望离开，想出游去忘记自己那些太过悲惨的过往。可是，走得越远，却愈加觉得伤情，因为这些地方，都是他的回忆。

天寒地冻之际，李白踏上了跋涉千里之途。

到了睢阳，这时的梁园清冷，雪厚三尺。在这里，李白遇见了故人岑勋。李白不免想起了十年前在元丹丘的颍阳山居相聚的那次，"天生我材必有用"。却不想，再见却是这等凄惨的光景。于是在《鸣皋歌送岑征君》，李白写出了满腹的牢骚。

到了扬州，已经是初春时节。李白故地重游，却并不像以往那样怀念，而是徒增了伤感："曩昔东游维扬，不逾一年，散金三十余万，有落魄公子，悉皆济之。"那时候的唐王在李白心目中是何等高大的形象，而自己的人生道路在他看来又是怎样宽广平坦。谁知现实却物是人非。虽然正值阳春三月，故地重游，却不免有一丝的伤感。举目，这山河却有异，不是当年光景。

在《留别广陵诸公》中，李白写到了这十年的经历。在二次入长安之时，不禁感慨重重。

到了金陵，在这里度过了春天，金陵也是他三十年前游历过的旧地，当时写的《金陵酒肆留别》是何等欢快：

风吹柳花满店香，吴姬压酒劝客尝。

金陵子弟来相送，欲行不行各尽觞。

请君试问东流水，别意与之谁短长？

可现在，自己却早已失了欢快的心情，又怎能再有欢快的诗篇。

三十年来，登山临水，写景写情，总是感慨国家兴亡之状，时兴黍离之悲。这样的寄隐忧于比兴，却不知写了一首《登金陵凤凰台》：

凤凰台上凤凰游，凤去台空江自流。

吴宫花草埋幽径，晋代衣冠成古丘。

三山半落青山外，一水中分白鹭洲。

总为浮云能蔽日，长安不见使人愁。

　　到了丹阳时正是炎炎夏日，河边的纤夫赤着上身拖着载满巨石的水上船在堆满鹅卵石的滩上匍匐前进，沿途唱着《丁都护歌》。烈日炎炎，将他们的嗓子都晒得干渴，音调也平添更多的悲哀。李白看在眼中，心中酸楚难耐却留不下眼泪，于是，一阕《丁都护歌》便替他表明了心声：

云阳上征去，两岸饶商贾。

吴牛喘月时，拖船一何苦。

水浊不可饮，壶浆半成土。

一唱都护歌，心摧泪如雨。

万人凿磐石，无由达江浒。

君看石芒砀，掩泪悲千古。

　　李白还记得初游三峡之时，他也曾见过纤夫拉纤，但是那时候却没有现在这般听着伤感。纤夫们的"心摧泪如雨"，引得自己也"掩泪悲千古"了。

　　到了吴郡，李白重游了吴王夫差的姑苏台，《苏台览古》便流传于世。来到越王勾践的故宫，《越中览古》也得以见得世人。这些诗篇都不知不觉地从年轻时的张狂，变为现在的萧素、荒凉。

　　到了会稽郡，才知晓贺知章早在前年就驾鹤西游。李白对着贺知章故居前的荷塘，想起在长安的那三年，贺知章待他犹如家人一般的亲切和温暖，那三年的酸甜苦辣齐齐地涌上心头，于是，李白又留下了《对酒忆贺监二首》。

李白来到天台山，这座山是李白最理想的忘忧之山。这座古人都纷纷形容成蓬莱的仙山，又是否能让李白心中的忧伤减轻些。山脚下的国清寺，周围蔓蔓的万松径，在树林里看不见天日，这足够让李白吃惊一阵。更别说那石桥横挂两边的飞川瀑布，声响之大足以吞掉尘世间的污秽。传说中可以洗净一切烦忧的灵溪，却好像真的能为灵魂洗个澡。这样高耸入云的俊山，踏上去，难保不会飞升成仙，这里不是仙界，又会是哪里呢？

李白眺望东海，只见波涛翻滚，像是互不服气的仙童在厮打，后又归于平静，祥云袅袅，恍惚间，就似蓬莱仙岛。早起观日出，朝霞明灭，绝壁上生出别样的彩光。就在这绝壁之上，李白却感觉到了远离人寰的悲伤与哀愁。他忽地想起秦始皇、汉武帝派人入海求仙的事情。那样劳民伤财，耗时数十年之久，而真正的仙境又在何方呢！骊山下的秦始皇陵和咸阳塬上的武帝陵不都让人盗了？如有灵魂且不灭，那为什么连自己的墓穴都保护不了呢？

现在的政治又是重复着以往，穷兵黩武，滥施征伐。一边做着伤天害理之事，一边又想着成仙成佛，这是多么令人难以理解的事情！

借古讽今，于是《登高丘而望远海》就应情而生。李白一心想借着远游忘记长安，忘记人世间的种种。然而走到天涯海角，才发现始终忘不掉。

该记得的，是深植灵魂的，没什么能将灵魂磨灭，就算那是孟婆汤。

奸佞当道，忠良蒙冤

清浅的流年，带着一丝暖意，慢慢地走过悲凉的季节。就像平淡季节中的花儿在指间绽放，就是向着阳光，却体会不到岁月的静美，只有惊诧和惶恐。

天宝七载（748年）的春天，李白从越中返回金陵。

归来应是值得庆幸的事情，却不想又从友人王十二那里听到种种不幸之事：崔成甫被贬谪到洞庭的湘阴去了；王昌龄被贬到夜郎西的龙标去了；还有就是，李邕被刑讯致死。

这两三年，朝廷屡次大狱冤案，株连之人不计其数。首先就是韦坚的冤案。天宝三载（744年），陕郡太守兼水陆转运使韦坚，因新潭开渠有功，便升为三品刑部尚书。而作为下属的崔成甫因唱《得宝歌》而有功，由九品县尉升为八品监察御史。

不到两年，韦坚就被李林甫以私交外官，欲谋私利太子的莫须有罪名贬出长安城。韦坚从外地赶回来，被李林甫派出去的爪牙罗希奭和吉温逼得致死。李适之听说罗、吉这两个祸害将至，怕受不住他们的严刑拷打，索性服毒自尽了。而崔成甫，幸得是位小人物，不会对李林甫之辈造成什么影响，便逃过了一劫，仅是被贬谪到了湘阴，也算是不幸中之大幸。

接着，就是李邕的冤案。李邕是名满天下之人，李林甫可能认为这件事情迟早会对自己造成威胁，便三番五次地加害于他。加上李邕本就豪奢，常以宴饮驰猎为事，不拘泥于细节，更是给李林甫钻了空子。

李林甫暗中派人在恰逢其会之时，也是天宝五载（746年）的隆冬之日，令左骁卫兵曹参军柳勣有获罪入狱，而李邕也就受了牵连。而事实是罗希奭、吉温两人威逼利诱柳勣有，让他诬告李邕曾对他说过朝政的得失和皇帝的凶吉。罗、吉二人又被李林甫派到北海郡调查此事，李邕当然是不服，可是哪里架得住这两人的各种刑法，活生生在刑堂上被打死。此事还连累了曾任刑部尚书的淄州太守裴敦复，其也被活活打死在刑堂之上。

接着就是王忠嗣的冤案。王忠嗣在朝堂上曾直言上谏，攻打吐蕃石堡城这件事情的利弊。所以顺理成章地获得了"阻挠军功"的罪名。李林甫早对王忠嗣妒火中烧，更是落井下石，教唆他人诬告王忠嗣有意奉太子为帝。王忠嗣被唐玄宗打入狱中受刑，几次酷刑后，王忠嗣被贬到汉阳做太守，不久后便郁郁而终。

这一桩桩、一件件的冤案让李白无法开口讲话，目瞪口呆竟也无法再悲恸。这样的朝廷，这样的奸臣，这样的现实，又能说些什么呢？

王十二走后，李白在家中的三日，只是静静地坐着，什么也不做。韦坚不是在皇上面前很受宠吗？哦，也对，他怎么会是李

我辈岂是蓬蒿人 李白诗传

林甫那个奸臣的对手。李邕不幸言中了自己的命运,自己死在了李林甫的手中。只是可怜他七十岁的高龄,却死在了刑庭之上!一代干将、莫邪居然折于佞臣手中!王忠嗣这样既忠诚又有才干的将帅,居然死在了朝廷,而不是沙场,何其悲哀!

而这大唐江山,痛失这许多良臣名将,又何其悲哀!

或许王昌龄被贬谪,恐怕也不是偶然,不是受到李邕案子的牵连,就是受到王忠嗣案子的连累。理由是什么?"不矜细行"?无非是酗酒、携妓之类,又怎能算得上被贬谪的理由?都是借口,为自己谋福利,为大唐江山断根基。李白越想越义愤填膺,满满的愤怒激得自己即将炸开,可是苦于无发泄之法,便以写诗来寄托情绪。

《闻王昌龄左迁龙标遥有此寄》中写道:

> 杨花落尽子规啼,闻道龙标过五溪。
>
> 我寄愁心与明月,随风直到夜郎西。

李白的一颗愁心,也只能随着风寄送给王昌龄了。眺望窗外,夕阳的鲜血染红了整个天空。李林甫这些人仍旧不断地制造着冤案,他与那杨贵妃的从兄杨国忠有掖庭之亲,所以不时地用此借口出入朝廷,由此深得唐玄宗的信任。因此,李林甫与杨国忠就结成了内援。唐玄宗更是封了杨国忠为御史中丞,掌管监察大权。

李林甫手下以罗希奭、吉温两人为首的鹰爪更是"得力"的助手,帮助他们除去了很多忠良与无辜。在唐玄宗面前,他们肆意地弹劾忠良，凡是他们看不顺眼的，凡是他们妒忌的，全都没有好下场，皆被诬告下狱，滥施酷刑。导致长安城中家破人亡之家庭上达数百户。而罗希奭和吉温更是被称为"罗钳吉网"。他们在这些忠良的尸体上践踏过，李林甫的结局可想而知。可是他们正在兴头上，又哪会考虑到死后下地狱之事。就在接二连三的冤狱事件发生后，李林甫率领群臣频频给皇帝上尊号、树丰碑。文武百官哪敢不从，牵四挂五的株连，令群臣噤若寒蝉。

天宝八载（749年），唐玄宗任命哥舒翰为河西陇右节度使代王忠嗣，大军攻下了石堡城。可幸的是，石堡城攻下来了；不幸的是，牺牲了数以万计的士卒。听说石堡城下的石头都被鲜血染红了，不知多少家庭会因这次战争而离散。举国震怒，却都敢怒不敢言。如此，还真被王忠嗣说中了。

古代的圣君都是不得已才用战争去解决问题的，而如今的穷兵黩武，又是置几万的士卒性命于何处？

这时候，李白又身在何处呢？有人说几日前见他带着歌伎去游山玩水了，也有人说前日见他与朋友在酒楼引吭高歌，还有人说他与一位市井游侠在钟山下呼鹰逐兔。

总会有人见到李白雇小船在秦淮河上戏耍，在五十里外的天门山上与朋友饮酒猜拳。从天门山上下来快到金陵城下时，他又犯浑胡乱在脖子上围了乌纱巾，故意反穿宫锦袍，斜倚在船舷上，仰天大笑。笑声惊动了岸边的路人，纷纷向这边驻足观看。其中一位相识之人吴姬认出他来，便招手示意："这不是李郎官嘛，为何成了这般模样，快快上岸吧！"李白也兴奋地向她挥手："呦，真是着实想见了你，你就来了！"他连忙叫船家调转船头，上岸接了吴姬一同再次游回江心。

后来又有人说，李白皈依佛门，跟着一位天竺高僧，登庐山东林寺打坐参禅去了。就在对李白的传言纷飞之际，一批诗歌流传江东诸地。这一首便是《白鸠辞》：

> 铿鸣钟，考朗鼓。歌白鸠，引拂舞。白鸠之白谁与邻，霜衣雪襟诚可珍，含哺七子能平均。食不噎，性安驯。首农政，鸣阳春。天子刻玉杖，镂形赐耆人。白鹭之白非纯真，外洁其色心匪仁。阙五德，无司晨，胡为啄我葭下之紫鳞。鹰鹯雕鹗，贪而好杀。凤凰虽大圣，不愿以为臣。

人们一看就明白，诗中"霜衣雪襟诚可珍"的"白鸠"指的是开元前的贤相姚崇、宋璟、韩休、张九龄等人，而那"外洁其色心匪仁"的"白鹭"便是佞臣李林甫之人。"鹰鹯雕鹗""贪而好杀"皆指屡次大兴牢狱之灾，诛忠良的酷吏。诗中的"凤凰"即是皇帝。

百鸟之王，凤凰，与那吃人不吐心肝的猛禽为伍，那也算不得令人崇敬的凤凰了。

人们读过诗篇，更是感到愤愤难平。

还有一首《答王十二寒夜独酌有怀》："……君不能狸膏金距学斗鸡，坐令鼻息吹虹霓。君不能学哥舒，横行青海夜带刀，西屠石堡取紫袍。吟诗作赋北窗里，万言不值一杯水。……"

这些带着明显的意欲，让苍生记得起深入骨髓的疼痛，痛失家人的疼痛，那些毫无怜悯之心的佞臣又怎会理解。

李林甫的鹰爪赶到了洛阳，接着又返回长安，终于没了结果。随后就是接连两年的关中大旱，原定的封禅大典也因此耽搁下来。有人说这是昏君奸臣惹怒了天意，老天要给些惩戒。可是，惩戒的到底是谁呢？大旱导致饿殍遍地，又如何惩戒得了李林甫这帮佞臣本人呢？

他们的暴政倒是慢慢地收敛了不少。李白和杜甫这些还没有遭到报复的人，也就幸免于难。

不经意间，已经经历了这么多惊心动魄的岁月。有时候可能会有惊无险，但是当风雨欲来还是会不经意间带着寒意。就像岁月带走了韶华，那些阑珊的冷清，也渐渐占据了孤凉的心。

第四章

乱世犹怀报国志

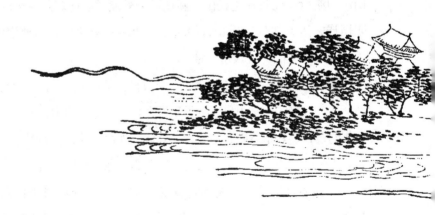

重拾旧梦，远赴幽州

　　无论是对喜爱的季节有怎样的挽留和喜爱，它终究要过去，也终究会重新来过。李白喜欢在深山隐居，已是众所周知的事情，只有学会随遇而安，在清浅的时光中学会淡笑嫣然，才会更加愿意去体会大自然的奥妙。

　　天宝十载（751年）秋，李白叫上了元丹丘到南阳附近的石门山中游玩。元丹丘也在山中新造了一处屋子。比起那原来的颍阳旧居，这新居处于重峦叠嶂之地，可观沟壑之美，远离尘世，更是人迹罕至的一处风水宝地。

　　李白见了后羡慕不已。每日，元丹丘都陪着李白信步走向山林之中，寂静的山林里总会听见猿猴在啼叫。幽寂的山谷中还积着千年的雪，走着走着就容易找到一处休息观赏之处，譬如瀑布、小溪。太阳渐渐西下，两人才踏着血红色的光亮，慢慢走回山居。

　　李白希望全家人都搬到这里来，元丹丘说李白对于什么都是热情大，而坚持得少。像隐世，像学道，像成仙。就像隐居此处，不知道李白的夫人是否愿意同他一起。

李白新娶了一位妻子，这位宗氏真是与众不同。虽然是相门之女，但是却从小就喜欢道学，秉性孤高，心思淡泊。也许看中了李白闲云野鹤的生活，也许看中了李白文采出众，总之就是嫁给了李白。

宗氏的祖父在武后时期，也曾经显赫一时，但也是大起大落了三次，最后因为参加了韦后之乱，被问斩了。经过那次大变故后，宗家就再也没有参与过朝政，从此一蹶不振。

或许宗家女子喜欢道教也是因为这次变故，而如今宗家在梁园附近还有些破旧楼屋，因为歌馆凄凉，所以她早就不想在那里住下去了，想找到一处静谧之地隐居。但是却遭到兄弟宗璟的苦苦相留，否则她早就出家去了。

与李白喜结连理之后，宗氏就想找一处幽静之地，然后夫妻双双隐居，这次李白来石门山中，还是奉了她的命令。元丹丘虽然想着这些，但也不得不说，李白究竟是打算隐居多少次，说都说不清，却总是静不下心。

知李白者定是元丹丘啊！那些年虽然受高天师道箓，原本应该遁入方外，不闻窗外事，却也是始终心里放不下，虽然在外跑了几年，也始终没能忘记朝政。可能是这几年冤案四起，令李白彻底寒了心，所以想找个地方隐居。

元丹丘叹了口气说："要不你看这里哪处好，便选了去造屋子吧！这里山下原是春秋时期的隐者长沮、桀溺耦耕之地。你我之人正好承了他们的高风亮节。"于是李白就留了下来。准备选处风景好的地段，造间房子。可是还没有住上半个月，他就心浮气躁。原因是友人何昌浩的一封信。那封信是他不久前在梁园收到的，之前没有在意，现在却猛地想起来了。

何昌浩实为落第的秀才，之前都是潦倒不堪，也受过李白多次的接济。可谁想此人去年到了幽州节度使幕府中，竟当上了参赞军机的判官。那封信中字里行间都充斥着得意之意，用主人的身份语气邀请李白去幽州。信中最后还写道："……足下才兼文武，强弟十倍。倘来塞垣，何愁英雄无用武之地！即使无意入幕，何妨来此一游？题诗碣石之馆，纵酒燕王之台，亦人生快事也……"李白对信中的话还记得清楚，而且不知不觉地思想向那方面渐渐偏向。是啊，李白一身的剑术，虽不是最上乘，但是对付些寻常之辈，也是绰绰有余。

想到弃笔从戎，李白心中多了分干劲。想着即使马革裹尸，也比老死在深山里多几分英雄气概，即使不会名扬千古，自己又怎会一点儿功业都建不成？

宗氏的品貌端正，才情出众，不过三十出头的年纪却要嫁我这年逾半百之人。以她的条件完全可以找到比我更好的男子托付终身，而自己也始终在这深山中隐居真是有些辜负于她。于是，李白决定，要拂剑而起。重拾自己当年仗剑去国的理想。元丹丘说得不错，李白什么事情做得都不会太长远。只有报国梦却一直盘桓在他的心中，一直没有泯灭过。话说回来，李白这次要去的幽州是安禄山的管辖之地，而这安禄山为人如何，他却不知道。他只听说安禄山为人骄横，性情跋扈，还与杨贵妃……

安禄山从一开始任平卢节度使，不久后兼做幽州节度使，后来做河东节度使，最后还封了东平王。而那时候唐朝的异姓封王，他还真是破天荒的第一个。

想必皇帝对他的才能一定非常肯定，而其他的事就先不管了，无伤大雅，只要自己得到了重用，也就没有什么好在乎的。

李白的这个想法，真是害他害得好苦。既已决定，李白便速速给何昌浩回了信，并且还赋了一首《赠何七判官昌浩》：

有时忽惆怅，匡坐至夜分。

平明空啸咤，思欲解世纷。

心随长风去，吹散万里云。

羞作济南生，九十诵古文。

不然拂剑起，沙漠收奇勋。

老死阡陌间，何因扬清芬？

夫子今管乐，英才冠三军。

终与同出处，岂将沮溺群？

当李白欢喜地回到隐居之处告知妻子自己的这个决定时，却遭到了妻子非常坚决的反对。她根本不想李白从政，更不愿意自己的夫君去幽州冒这个险。在宗氏看来，从政无异于暴虎冯河，而幽州更是龙潭虎穴。她也坚决地认为，安禄山那样张扬跋扈的性格，日后必定会不安分。李白却认为宗氏是担心自己的安全，就劝她不要担心。

谁知宗氏却一再地表明自己的观点，她只是想和李白平平淡淡地过一生，而不想夫婿封侯建功，甚至还极而言之：你这次去，一定凶多吉少，从此你我夫妻阴阳相隔，留下我一人如何是好啊！

李白实在不忍心与如此激动的宗氏再三争辩，也就作罢了。但是没过几日，李白建功立业的念想又燃起了小火苗。宗氏说那幽州是龙穴虎潭，去了便一定回不来。

李白却不以为然，那便是"不入虎穴，焉得虎子"。此行就是探些虚实，然后向朝廷上书谏言，如此便可以戢祸乱于未萌，这岂不是为苍生社稷造福，怎能敌不过那些功勋。

李白就是这样具有探索精神的人，虽然你说幽州是龙潭虎穴，即使是刀山火海，他也要去闯一闯。但是在与宗氏道别之时，还是不由得有些伤感，洒下了热泪。

李白的幽州之行开始了。他经过开封之时，遇见了故友于十一和裴十三。而在饯别的宴席上，李白不知不觉地拔剑起舞，慷慨而歌，并且留下一篇《留别于十一兄逖裴十三游塞垣》：

太公渭川水，李斯上蔡门。钓周猎秦安黎元，小鱼鷃兔何足言。天张云卷有时节，吾徒莫叹羝触藩。于公白首大梁野，使人怅望何可论。既知朱亥为壮士，且愿束心秋毫里。秦赵虎争血中原，当去抱关救公子。裴生览千古，龙鸾炳文章。悲吟雨雪动林木，放书辍剑思高堂。劝尔一杯酒，拂尔裘上霜。尔为我楚舞，吾为尔楚歌。且探虎穴向沙漠，鸣鞭走马凌黄河。耻作易水别，临岐泪滂沱。

当李白念到"耻作易水别，临岐泪滂沱"时，两行清泪滑过脸颊。他觉得自己就像是垓下之战前夕的项羽，也好像即将带着刺秦任务的荆轲，带着不安的心情面对这未知的命数。

命数是件奇怪的事情，不知晓的时候觉得真的是太过心慌，而当你知晓自己既定的命运时，却也是无尽的不情愿和恐慌。所以，就算是自己，也控制不住自己的心绪。

黄河渡头，浊流滔滔，风高浪急。宗氏的苦苦相劝再一次地回响在李白的耳边，他不觉地想起乐府诗集中的《箜篌引》："公无渡河，公竟渡河。渡河而死，将奈公何！"就像是真的见到了那个《箜篌引》中披头散发的狂徒，朝着波涛汹涌的黄河跑来。他的妻子在后面一直追着，一直呐喊着，却还是未能将他叫住，他还是跳进了黄河。随着吞骨蚀魂的骇浪共同消逝了灵魂。

宗氏却也将自己的千言万语幻化作了一句凄惨的"公无渡河"！李白没有想过回到家中，回到妻子的身边。他既然已经登上了船，就没有回头的余地了。自己决定的事情，还是认真地办好才是。李白就这样心中带着些许忐忑，一路上走走停停，直到次年十月份，才到了幽州节度使幕府的所在地蓟县。

何昌浩热情地迎接了李白，却遗憾地说："老兄这下来得真是不巧，王爷现在身在朝廷，还没有归来，而他身边的高手高尚、严庄也随他去了京城。如果要等，可能只有等到明年开春了。"

而李白心中所想，却是正好，自己还不想这么早就见到安禄山。也就是说，他还没有做好万全的准备去接受自己以后的命运。这段时间用来观赏一下幽州的风景，也是非常好的。李白在何昌浩的陪同下，从南边的范阳到北方的蓟门，从东方的渔阳至西边的易水，转了个遍。李白就在这样的景象中，体会到了"大漠孤烟直"的孤壮。

就像是喜欢在云淡风轻的日子里守着淡然的时光一般，空旷而壮美的景色，也深深地植入李白的内心，一直怀揣着美好行走在岁月中，收集这一路上走过的点点韶光，心却在日复一日中渐渐默然。

巧脱虎穴，再入长安

人生总会有许多起起落落，当人们需要用安静去回味的时候，总会有些伤痛需要独自去体会，总有一段不长不短的路，需要自己去走，总有些挫折，需要去面对。

幽州的十月，已经是塞草前衰、白杨早落的季节，这样本应芳草萋萋的氛围中，却有着不相符合的热闹非凡的景象。

近几年来，烽火连连，硝烟四起，羽书也一封接一封地送往朝廷。战车都在城门外排列着整齐的队形，战马踏起的迷沙弥漫了整座城市的空气。猎猎作响的旌旗卷集着凄紧的风沙，像是呜咽，像是兴奋。慢慢地迎接迟到的朝阳，颇有"海上生明月，天涯共此时"的壮观。

这里的兵器数不胜数，将士们在夜以继日地操练。李白热忱地认为，他们的操练是在为保家卫国。李白兴奋地写出了《出自蓟北门行》，对边疆的战士们进行了一番歌颂。

在各处游览之余，李白也与将士们一同操练，与年轻的士卒一同打猎，大家看他骑着骏马时的英姿飒爽，周旋进退，越沟錾，登丘陵，无一不驰骋自若。

李白射箭也是一把好手，只见他弓开满月，箭去流星，连发两箭竟连中两鹰，无人不服，连连赞叹他是李广的后代。李白自此便与年轻人一处，日日操练，纵谈兵法，倒也是乐在其中。李白这些日子过得着实舒坦，真是认为自己即将"沙漠收奇勋"。

一日，故人之子来拜，却将他的白日梦击了个粉碎。

故人礼部员外郎崔国辅的儿子崔度来访，李白仍旧记得，天宝初年见到他，年方弱冠，天资聪颖，授以古乐府之学和剑术，往往得心应手。因此在叔侄的关系上，这两人更多了层师徒关系。相见于塞上，觉得分外亲热。

李白问他怎到了此处，崔度就慢慢道来。原来，他科举屡试不第，于是便弃文从武。到这儿也已经三年多了，现在正在平卢节度使幕府中任判官。

李白感叹，他变得有出息了。可崔度听后却没有被长辈夸奖的羞涩或是欣喜，面上的表情，更多地却是警惕。不久，他便像是做了什么决定一样，坚定地对李白说："老叔有所不知，小侄有心腹之言相告。但事关重大，这里又不是说是非之处，咱叔侄俩就找处僻静之地好好讲讲吧。"

于是两人以游览古迹为名，骑着马出了蓟县城，然后驰骋到了燕昭王当年拜乐毅为大将的黄金台遗址。这处遗迹席地幕天，四顾无人，崔度见没了人迹，便说了这三年的所见所闻给李白，事无巨细，从头听到尾，李白竟听了一身的冷汗。原来，这战功赫赫的安禄山是以轻启边衅、假报军功而起家的。他是个爱使用阴谋诡计的卑鄙小人。曾经，他将奚和契丹的酋长请来，用酒将他们灌醉后，再用绳子绑了送去朝廷充当战俘去邀功。而身兼幽州、平卢、河东三镇节度使的安禄山，在皇帝的眼皮子底下已经掌握了全国一半的兵权，还在边事掩饰的状况下继续招兵买马，扩充自己的武力。

也就是说，在这里日夜操练的士兵们，不是为了保家卫国，而是用来对付自己国家的，那些操练假象的背后也包藏着巨大的祸心。

李白看着崔度，心中渐渐有了明确的答案。这些日子，他见裁缝铺子中都在赶制各色的袍带，崔度说，要不是想大批地封赏官员的话，又怎会用得上这些东西。说开了，李白也就知道了之前被自己"掩埋"的疑问，是啊，要不是想另立朝廷，节度使幕府又怎会有这么大的权力来封赐绯衣银带、紫衣玉带呢？

想到这儿，两人四目相对，有些道不明的情绪在两人眼中闪烁。李白思索了一阵，见崔度愁眉深锁，激动得握住他的双手说道："要不咱们去告发他吧！"而崔度的表现却比他沉稳得多，幽幽地说道："他正是深得宠信之时，又有哪个能去告发他呢？又怎么会告得了他呢？"

最后，李白实在是有些抑制不住自己的情绪，趴在黄金台遗址上痛哭了一场，大喊道："皇上啊，你最宠信的人，竟是一个十足的窃国大盗。你将这偌大的北海白白地送给了这条饥饿的鲨鱼，却由得他在这里兴风作浪，危害社稷苍生，眼看大祸临头，待你见到即将发生的场景，你又做何感想呢？"崔度见他如此激动，自己也渐渐地被情绪所带动，于是两人便抱头痛哭起来。

我辈岂是蓬蒿人 · 李白诗传

后来，崔度以省亲之名走了，二十七日还带走了李白给妻子宗氏的一封密信。而崔度走后，李白便日日忐忑，后悔当初没有听宗氏的劝说，而是一味地执意要来这幽州，认为自己必将在此有一番作为，却不想还是以梦想断送而画上了句号。

李白仿佛又见到了那条可以吞噬一些生灵的黄河水，却见它渐渐倒流，滔天的洪水中，他见到安禄山变成一条齿若雪山的长鲸，在慢慢地啃食着万物生灵的灵魂。也好像自己成了《箜篌引》中的那位白发狂徒，即将有灭顶之灾。

就在这样忧心忡忡、思绪纷乱之际，李白执笔写下了《公无渡河》：

> 黄河西来决昆仑，咆哮万里触龙门。波滔天，尧咨嗟。大禹理百川，儿啼不窥家。杀湍堙洪水，九州始蚕麻。其害乃去，茫然风沙。被发之叟狂而痴，清晨临流欲奚为？旁人不惜妻止之，公无渡河苦渡之。虎可搏，河难凭，公果溺死流海湄。有长鲸白齿若雪山，公乎公乎挂罥于其间。箜篌所悲竟不还！

之后，李白便接到宗氏病重的家书。于是李白便以此为由，辞别了何昌浩，马不停蹄地离开了幽州。

河南道睢阳城外宗家庄，与梁园相邻，自从李白和宗氏喜结连理后，就将此处设为家，赋予这里一个家的概念，所以这里不同于隐居之所，而苦等丈夫的宗氏，也是在这里等待着丈夫的归来。

满面愁容的宗氏坐在室中，浅浅地弹奏着一具破旧的箜篌，低声吟唱着一句简单的歌词："公无渡河，公竟渡河……如怨如慕，如泣如诉。"

突然，侍女在院子中兴奋地喊道："姑爷回来了。"宗氏急忙站起来，李白已经推门而入，连装束都没有改变，直直地走到宗氏的面前，两人双手紧握，却都明白互相的心思。李白满面悲戚："你料得不错，安禄山要反了！"宗氏见李白这样困顿，也不愿他再多想，倒了杯热水给他饮用，叫他好好休息。之后，劝李白与自己回隐居之处修道求仙。李白却始终放不下，想着若要隐居，怎的也要将这件事情解决，否则又怎会安心？

宗氏不解，却又不安起来，以她对李白的了解，他绝不会善罢甘休的。果然，李白想要上京揭发安禄山的野心，告他谋反。虽然遭到了宗氏的极力反对和阻挠，但是李白又怎会轻易就放下一腔热血。她只能在心中慢慢祈祷，李白这次不要出什么大乱子，可以平安归来，与她在隐居之处安然过晚年。三日后，宗氏又开始每日坐在室内，信手弹奏着那具箜篌，浅吟小调。

天宝十二载（753 年）的早春二月，长安城的柳树已经吐出新芽，将这座城市装点得生机勃勃。可是又有谁会想到，这样繁华而又充满生机的城市，将来会面临怎样的浩劫。这太过太平的景象，又会不会毁于安禄山之手。李白重回故地，却无心重游，径直走到了杜甫所在的住所。来长安之前，他就已经想好了，这位前几年与他有着相同志好的好友，定会助他一臂之力的。

如今再来，已是阔别了十年。十年光景，说长不长，说短不短，人生又有几个十年，可以坚固一份怎么也断不了的友谊。

两人见面的场景着实好笑，又是鼻涕又是眼泪，可两人脸上却始终挂着笑。李白对杜甫说了安禄山的野心。杜甫听后，果真非常愤慨，并产生了前所未有的危机感。他拿出去年十月份自己写的《同诸公登慈恩寺塔》一诗："高标跨苍穹，烈风无时休。自非旷士怀，登兹翻百忧。……"

当李白读到"秦山忽破碎，泾渭不可求。俯视但一气，焉能辨皇州"时，便拍案而起，对，自己此行就是来保秦山、安皇州的。

两人相谈至深夜，却也不觉得困倦。其实也是一个主要的问题困扰着两个人，那就是，就算奏疏写得再好、再证据确凿，却没有代为引荐的人，事情又怎么会成呢？但是这个人又找谁才好呢？

满朝文武却找不出一人，新任的宰相杨国忠倒是有权有势，但是却与那李林甫之辈一般，是又一位结党营私的奸佞之人。

想来想去倒是找到个合适的，就是去年冬入朝的哥舒翰。此人虽然为蕃将，但是却能读《左氏春秋》，而且为人也比较讲义气、重承诺，曾经在王忠嗣部下多年。骁勇善战，屡建奇功。后被升为了陇右节度使，兼河源军使。

多年前，王忠嗣以"阻挠军功"的罪名获罪，哥舒翰便被招进了朝廷，攻打石堡城，但确实是不得已而为之。当李林甫将王忠嗣陷害成死罪之时，哥舒翰力保王忠嗣，不禁声泪俱下，唐玄宗见了心不忍，就将王忠嗣免了极刑。所以，哥舒翰在朝野中就有了"忠义"之评。

去年冬入朝后，哥舒翰以陇右、河西等镇节度使，加开府仪同三司，后来又挂了御史大夫的头衔。李、杜二人认为，如果得此人相助，此事便成功有望。于是，两人商定后，分头行事，李白去起草奏疏，杜甫便去打听哥舒翰是否在朝中。

匆忙的岁月有着静谧的光阴，从指间悄悄地溜走。事情的成败是通过人去努力的，但是却要看是什么样的事情，李白和杜甫的所作所为无疑是正确的，可是，哪些人会理会，会去挽救这破败不堪的政治？

生命的厚度增加了，就连流年也得到了隽永，生命愈加陈酿，却总有些时光，你来不及去品味。

心知劫难，状告无门

　　傍晚，夕阳的温婉带着令人绝望的颜色，可是，却温润不来焦急的思绪。

　　杜甫刚刚从城中归来，就见李白在门口等候，相见后随即相问情况。然后，杜甫便叫大儿子宗文将手中提着的肉带去给他母亲，也把二儿子宗武打发走了，屋子里就他们俩，杜甫才开口说了具体的情况。

　　原来哥舒翰虽然在朝中，但是让他转交奏疏，继而将安禄山谋反之事揭发，风险实在过大，恐怕他不会替人出头。城中的几位好友都是这种说法，然后王补阙和宋庙丞还特意关照了他一句，一定要小心行事。

　　李白对于好友的关照心存感恩，却始终一心系着大事，开口就是担忧："哥舒翰是国家之栋梁，又掌管军政大权，怎么能将国家安危置于一旁而不管呢？"

　　杜甫沉思良久，才建议先试探一番，用李白的奏疏，先写一份投赠诗。先旁敲侧击一番，引而不发。然后看哥舒翰的反应如何，接着再计划接下来的事情。

李白觉得这是一个好主意，于是连夜给哥舒翰写了一首旁敲侧击而又引而不发的文章。

在微弱灯光下，杜甫细细斟酌着李白所写的《述德兼陈情上哥舒大夫》：

天为国家孕英才，森森矛戟拥灵台。

浩荡深谋喷江海，纵横逸气走风雷。

丈夫立身有如此，一呼三军皆披靡。

卫青谩作大将军，白起真成一竖子。

虽然只有短短的八句，杜甫却看了很久。然后慢慢地抬头说道："这诗题明明就是'述德兼陈情'，可是这内容却只有述德没有陈情啊！这诗文整段没有要入他的幕府的意思，也没有要他令李白重返翰林的意愿，更加没有要他接济的意思。"

李白笑了，他的意思是，让哥舒翰拿到这首诗文，就会思考作者投赠这首诗要做什么，会有什么目的。杜甫慢慢地理解了，也就是说，这首诗中不是像民歌一般歌颂"北斗七星高，哥舒夜带刀。至今窥牧马，不敢过临洮"而是以"国家英才"相许，以"浩荡深谋"相期。

李白的意图很明显，就是想他不仅有攻城略地的勇气和气魄，更是要有安邦定国的计谋和心机。然后会想到作者是有大事相求，而不是一般的夸赞。

虽然哥舒翰是一介武夫，但是他却能读《左氏春秋》，想必

我辈岂是蓬蒿人·李白诗传

他定谙得微言大义，这首诗的弦外之音，他必定看得出来。

如果哥舒翰看得出这诗文的意思，必定会将李白招去面谈的，如若他不理，那么，这件事情就很难办了。

李白也顾不了那么多了，先投石问路，将诗文送出去吧！诗文送出去没几天，李白便已经等得急不可耐，大呼苦闷。而这时正是长安人春游的季节，那城东南的曲江池又是春游的胜地，于是杜甫便陪着李白到曲江一游，消消苦闷的心情。

曲江池一切如旧，仍旧是紫陌红尘，游人摩肩接踵，花柳明媚，高阁辉煌。虽然热闹非凡，繁华更不减当年，可是李白已经没有了当时的心境，所以不论它是怎样的柳细蒲新、绿酣红醉，李白却无心欣赏。

杜甫见李白没什么心情观赏，自己也没什么兴致了。两人信步走着，快到池南的望春宫时，见到警卫森严，侍卫里里外外好几层。看这架势，应该是皇室中有人在此处。

他们正想看个究竟，却听见身后人喊马嘶，游人纷纷闪躲，他们也连忙靠边。他们看到路边有一处小土冈，索性站在上面，看看远处究竟是怎样的状况。

他们站定后向前望去，只见风尘仆仆，一队人马浩浩荡荡地走来，前头数十位骑卫开路，继而是四面锦旗在高处端端地立着，上面分别写着"秦国""韩国""虢国"，还有一面锦旗上单绣着"杨"字。旗后是一匹金鞍白马，上面骑坐的人身穿紫袍玉带，趾高气扬的样子像是在左顾右盼。如果有人靠近，就大喊"把闲人打开"。于是就会有侍卫朝两边围观太紧的观众挥鞭子。尔后，这人便走到三位夫人身侧一一问候，走到虢国夫人跟前，还在这么多人面前并辔同行，公然调笑。

路人有的胆小，怕惹上什么事端，都背过身去，侧目而视。忽然，从望春宫中出现数人，皆骑着高头大马，一位老太监被一批小太监拥着，高声宣读圣旨："万岁爷口谕：三位夫人即时乘马入宫，万岁爷和杨娘娘已在苑中等候多时。杨丞相别殿赐宴。"伏地的杨丞相谢恩完毕，站起身来叫"高公公"时，高力士已与三位夫人入宫去了。

李白和杜甫在小土冈上进退不得，站了许久，才与人群渐渐散去。途中，皆听辱骂之词，却也知晓，虢、韩、秦这三位夫人是杨贵妃的三位姐姐，这种靠着裙带关系发达之人历史上并不少见，可是权势大成这三位夫人如此的，还真是不多见。

李、杜二人也是愤愤不平，明明在幽州时听说李林甫已经死了，却不相信继任的丞相大人却还是位董偃之流。董偃也只不过是汉武帝的姑母馆陶公主的面首，也是只见幸于公主，虽然也得汉武帝的宠信，也参与朝政，却没有这三位夫人的权势大。杨国忠本是蜀中的小吏，而且是无赖之辈，却没想到十年光景便登上宰相之位，而且这样肆无忌惮地接替了李林甫等人的"衣钵"。

李白有感而发，写下了《咸阳二三月》一诗，杜甫则写了《丽人行》。各秉春秋之笔，寄大义于微言。

长安的柳枝已经由淡淡的鹅黄变成了嫩绿色，后又由嫩绿色转为了青翠之色，最后就成了葱葱郁郁的一片。这时候，春季过了半季。李白投石问路的诗篇像是石沉大海一般，杳无音信，但是李白又怎是善罢甘休之人，他不甘心，不顾杜甫的劝阻，亲自入长安城中到处奔走。

大明宫外的风景依旧，但是那里的侍卫却带着不容忽视的距离感。这时的李白已经不是当年蒙受恩宠的翰林院李学士了，而等在门外的李白也真正感受到物是人非的悲凉。站在这宫门外并不是为了欣赏这里的风景的，况且李白现在也没有那种心情。他是想在散朝的时候，看看能不能见到些熟悉的人。于是便像是看热闹的百姓一样，簇拥在一辆辆车马旁边。

将近午时，城门中出现两个手执长戟的侍卫前来驱赶众人，大臣们鱼贯而出。李白左右顾盼，竟没有一个相识的。他垂头丧气正要走开，忽见一人，年方三十，俊美容貌，华服加身，李白认得那是独孤驸马。

独孤驸马却不记得李白，李白不急不躁，慢慢地施礼，介绍自己。李白在十年前与这独孤驸马有一面之缘，那时候的李白正要入宫见驾，在门内与其初次相遇，蒙独孤驸马以国士之礼相待。独孤驸马记起来了，便也淡淡一笑，施以回礼。

寒暄过后，独孤驸马这才问及李白此行的目的，他想，没有人会在这宫门口等人的，或许他会有什么大事，但是他也不想管得过多，所以当李白问及家住何处时，他也是淡然地说道，这里说便是。李白虽然有些小受挫折，却也百折不挠，以久别重逢，赠诗表情，随即从衣袖中掏出纸笔，靠着马鞍，一挥而就。

独孤驸马接过诗笺，也没有仔细查看，便想应付了事，但是看到诗文的最后两句"倘得公子重回顾，何必侯嬴长抱关"，于是不可置信地将李白上下打量了一番，说道："真是没想到，先生竟贫寒到这种地步！"于是边说边将自己腰间的玉佩解下赠予李白，说了句："聊表心意。"

李白拱手拒绝，知道驸马会错了他的意思，而想那侯嬴与信陵君交往，又怎会是为了得到信陵君的周济？独孤驸马不解："那是为了什么？"李白悄声说道："驸马可还记得'窃符救赵'的故事，那窃符救赵的计策不就是侯嬴献给信陵君的吗？"独孤驸马面色大惊，在这处却也不好再相问。他原想找个地方再好好相问，突然从城中却押解了两个人，被五花大绑，身旁簇拥了数名侍卫，匆匆朝南走去。

李白不解，便问："这可是犯了大罪，要去刑场？"可独孤驸马却说："这两人是要押到幽州，交给东平王处置的，因为他们的胆子肥得很，竟敢诬告安王爷。"

李白大惊，却强装镇定。独孤驸马便又想起刚才的话茬，问李白想要说什么内情，李白连忙说自己没什么事情可说了，便请驸马离开。

在紫极宫附近，李白意外地与王补阙、宋庙丞相遇。于是，他们找了一处僻静的小酒家，登上无人的小阁楼，慢慢道出心中的愁绪。

染墨流年，岁月愈加沉香。如果人生就是一次旅途，那么一程又一程的风景，一季又一季的盛放，又是谁人的思绪。走过了秋水长天，就会迎来素雪纷飞。

这就是岁月。

风雨欲来，无力痛哭

　　风儿轻轻地拂动青色的薄衫，吹开书案上书笺的页眉，屋子里徒然添了几分决然和冷清，这些被吹得凌乱的惆怅，落在窗棂上，被时光记得，或被时光掩埋。

　　李白饮上一口甘甜的清酒，望着这二人，多年未见，却也多了几分惆怅。清风徐来，空气中仿佛也带着重逢后的喜悦和哀伤。

　　王补阙在李白是待诏翰林的时候，便是补阙，现在也依旧是补阙。而因着圣朝无阙可补，这些年倒也乐得清闲。宋庙丞早些年看守的惠庄太子庙早就合并成七太子庙了，所以这时候的宋庙丞也是挂个虚名，过着与世无争的生活。

　　这两人后来也入了道，常常来到紫极宫里来散散心。宋庙丞还谦虚地跟李白说："相比起李道兄，我们算是后辈了。"李白也是十分惭愧，虽然入道多年，却未了尘世之缘，丹也未成。

　　王补阙也没有说过于夸赞的话语，毕竟今日见面并不是来讨论谁的道行深，谁入道的时间长的，在见到了杜甫后，他们便知道了李白最近来长安意欲何为。

一番交谈之后，三人皆是颔首微笑，王、宋二人也非常佩服，李白毕竟是有慧根的，虽然这些年在追逐仕途上费尽了心思，却有仙根，要言不烦，深得老子的精义啊！

三人时而朗声大笑，时而小声议政。但是王、宋二人还是希望李白早日离开长安。李白知道他们的心意，也知晓自己此次要走的路一定艰难，但是对于好友的相劝，真是恕难从命。

于是，李白说："愚兄决心与二位结海上之契，为天外之宾，他日相会于蓬莱仙山。从今以后再不涉此荒溪之波，只去寻那浩然之津。不日即将辞楚，避秦去矣！"

李白站在慈恩寺塔上，极目远眺，却望不到边际，不知道这脚下的一方土地，将来会是以怎样的方式再见后人。想到这儿，他眼中的坚定就变得有些模糊。他向北面望去，看见一片宫殿，接着远望，又是一片宫殿。忽然间，龙楼凤阁化为碎瓦破砾，杂草丛生，其中有豺狼出没，蜿蜒的毒蛇虎视眈眈地吐着芯子，萤火点点，鸱鸮声声。向南面转过身来，却见曲江池上的树木已经郁郁葱葱，池水波光粼粼，只见一只凤凰从远处飞来想找处地方栖身，但是见到乌鸦、鸱鸮、蝙蝠、麻雀，盘踞在四处，凤凰无可奈何。

西方的北原上，唐代列祖列宗的陵墓被松柏掩映，虽然生长得十分旺盛，却阴森得可怕，忽然间西风乍起，将落叶吹了一地，残阳也适时地将这落地的残叶笼上血红的颜色。

李白看得如痴如醉，却落得满是彷徨，最后不得不踉跄地下楼，向那山田野村奔去。直到走到一处断崖，无奈，只得痛哭而归。

长安城一如既往，不愧是中华上下五千年最为繁盛的朝代，即使李林甫执政十八年，动了唐朝的根基，也没有影响这座城市的繁华。城南，李白在杜甫家中收拾细软，杜甫的两个儿子宗文、宗武进屋来缠着李白给他们讲故事，李白勉强地给出一个微笑，将怀中的一卷文稿交给了杜甫，低声说了四个字："付之一炬。"便拉他们到屋子外面去讲故事。杜甫愣在一旁，久久不能回神。

李白坐在院中一棵榆树下的圆石桌旁，先是讲了一个"卞和献璞"的故事。据说，卞和献了三次璞玉，第一次，他的左足被砍掉了。第二次，他的右足被砍掉了。而第三次，这块玉才算是献成了。这块玉，就是有名的和氏璧。而李白在讲到第三次献玉的时候，却说他仍旧没有成功，而且还险些被杀掉，最后，他便去寻了桃花源。

李白虽是将故事杜撰了，但是却表露出了自己的心声，自己又何尝不像那卞和一样，苦无投身之门。

李白讲的第二个故事，便是"湘灵"的故事。古时候，有一对姐妹，一个叫娥皇，一个叫女英，她们都是尧的女儿，也都是舜的妃子。当舜做了天子之后，就到南方去远征，可是这一走便杳无音讯，两姐妹等啊等，盼啊盼。可谁知这年复一年，却始终没有等来舜归来的身影。后来，她们决定出去寻找。她们走遍千山万水，来到了湘水边上，却听说舜早就已经死在了苍梧之野。于是，她们就来到了苍梧之野的九嶷山下，看着茫茫无边的白云朵朵，却找不到舜的坟墓在哪里。她们在湘水边上哭了三天三夜，眼泪洒遍了江边的竹林。最后，她们的眼泪也流尽了，对世界再无留恋，便投了江，死了。

两兄弟沉默了好一会儿，尔后纷纷问道"这是真的吗"，李白却也只是点头，不然那湘水岸上的竹子上怎会有斑斑的泪痕。她们死后，就成了湘江女神，现在还在湘水边上唱着悲哀的歌曲。

李白也有感而发，浅浅地吟出了那首悲伤的歌谣：

远别离，古有皇英之二女。乃在洞庭之南，潇湘之浦。海水直下万里深，谁人不言此离苦？日惨惨兮云冥冥，猩猩啼烟兮鬼啸雨。我纵言之将何补？皇穹窃恐不照余之忠诚。雷凭凭兮欲吼怒，尧舜当之亦禅禹。君失臣兮龙为鱼，权归臣兮鼠变虎。或言：尧幽囚，舜野死。九嶷连绵皆相似，重瞳孤坟竟何是？帝子泣兮绿云间，随风波兮去无还。恸哭兮远望，见苍梧之深山。苍梧山崩湘水绝，竹上之泪乃可灭。

李白走了。

回首相顾，从幽州之行到第三次入京，李白对政治形势总算是体会得彻底了，朝廷上已经昏暗一片，唐玄宗也是好大喜功之人，有了些成绩，就开始骄奢淫逸，将朝政荒废，导致大祸将至。

李白感觉自己就像是比干之于纣王，要自己的才华，还要自己的七巧玲珑心；也像是屈原之于楚怀王，有志不得伸。像石头野兽流落于荒野，荆棘已经布满了宫城，到处都是亡国的景象，从政就像是入虎口，自己既然想选择这条路，而自己这样的结局又怨得了何人呢？

于是，李白写下了《殷后乱天纪》古风一首：

> 殷后乱天纪，楚怀亦已昏。
>
> 夷羊满中野，菉葹盈高门。
>
> 比干谏而死，屈平窜湘源。
>
> 虎口何婉娈，女嬃空婵媛。
>
> 彭咸久沦没，此意与谁论。

李白感觉自己好像是生逢乱世，天下的扰攘不断，四下都能听到怨怼的歌声。以往不得志时，希望自己生逢乱世，有一个表现的机会，而现在，却害怕变成乱世。那样，每天都会听见哀号的声音。在这样的乱世之中，就算是孔子也想乘桴浮于海，而老子也要骑上青牛出关去了。连这样大智慧的人都感到大事不好，连连趁早高举远引，自己又在这路口徘徊什么呢？

于是他又写下了《三季分战国》古风一首：

> 三季分战国，七雄成乱麻。
>
> 王风何怨怒，世道终纷挐。
>
> 至人洞玄象，高举凌紫霞。
>
> 仲尼欲浮海，吾祖之流沙。
>
> 圣贤共沦没，临岐胡咄嗟。

李白不禁想到了秦始皇末年的光景，传说在秦始皇三十六年（公元前211年）时，使者郑客西入函谷关，夜度华阴道，遇见了华山之神，神明托他将秦始皇遗失的璧交给镐池之神。而且还预言了"祖龙死"。

于是，李白又写下了《郑客西入关》：

郑客西入关，行行未能已。

白马华山君，相逢平原里。

璧遗镐池君，明年祖龙死。

秦人相谓曰，吾属可去矣。

一往桃花源，千春隔流水。

李白的思绪是发散式的，接着又想起了桃花源的传说：晋时有一渔人迷路，误入桃花源，村中之人自云先世避秦时乱，率妻子邑人来此绝境，遂不复出。问今是何世，乃不知有汉，无论魏晋。

李白站在这长安门门口，感慨万千，愁绪渐渐地爬上心头。最终，他还是下定了决心，要远走，不再留恋，找一处避世的隐居之所，过自己的桃花源的生活。

这时候，李白的从弟，宣城的郡长史李昭来信邀请李白去宣城。

李白见李昭这样殷勤想邀，也有了向往之心，别的不说，生活上还是有些依靠的，心想宣城也算是座理想的避世之城，便决定前去。先只身前往，再将妻小迁往。

就用这一抹欢愉的心情去丰盈思念吧！无数次地想到家人，梦到他们，却不想，梦醒了，就断了梦境，来了伤感，伤了年华，叹息了岁月。无声无息的倒影就是孤单最好的见证，谁人不想在最孤单无助的时候，有最亲近的人在身边支持着。

宣城散心，愁绪难掩

曾经想用叶子落地的时间去忘记一切不愉快的时光，可是岁月却不知不觉地泛着伤感的颜色，那样的忧伤淡雅，像是最好的点缀，竟然不想再让它离开。

既然已经经历了，就让它在岁月的长河里，渐渐沉淀吧！

李白再一次决定，换上道服，腰别丹囊，带着满箱子的道书，出世去了。

天宝十二载（753年）的秋天，李白在途经宣城的途中，来到了长江边，来到了横江渡。长江是一条自西向东的河流，却在庐山脚下逐渐地折向东北方向。而到了芜湖、金陵一带，竟然又成了自南而北，横亘在吴头楚尾的一带。横江渡就这样肆无忌惮地横在长江的西岸，地属和州历阳郡。在它的东面是牛渚矶，也叫采石矶，地属当涂县。

这处成为旅游胜地一点儿都不稀奇，江山美好，绿水长流。又是南北来往的重要地点，还有很多的名胜古迹。像孙吴经略江东、晋室永嘉南渡、隋代韩擒虎伐陈……都是要经过这里的。

经过数百年的历史沉淀，经历了几个朝代的盛衰兴亡，这里见证了太多的东西。而文人骚客到了这里，也不免赋诗留念，感慨万分。这横江渡就用它独有的方式来迎接他们，那就是风浪。

李白这一路走来还真是不容易，并不是路途坎坷，而是思绪纷繁万千。剪不断理还乱的愁绪一直萦绕着他。对天下黎民百姓的担忧，对自己这大半生命运多舛的感叹，慢慢地，吞噬了他观赏风景的心情。来到这"微风轲浪作"的横江渡，时值海潮汹涌澎湃之际，李白不知不觉地就将那滔天骇浪的壮观想象成悲壮的结局。

愁云雾霭，昏天暗地之间，阴风怒号，浊浪排空。这海浪像是奔着摧毁一切的信念而去，拍到岸上竟也发出如此巨大的声响，仿佛是吹响胜利的号角。没多长时间，这好似比金陵的瓦阁宫殿还要高的浪头就又席卷而来。

李白站在渡头，却想起自己的仕途经历，不也像这条横江一般？浔阳江的马当之急浪，就已经够险的了，却没想到这牛渚之险却较之更甚，有过之而无不及。

李白的仕途经历，不也是这样吗：一次比一次艰难，青年时期的李白干谒诸侯，却不想四处碰壁，一事无成；中年时期，李白奉诏入京，仰天长笑"我辈岂是蓬蒿人"，却落得个挥泪而返的下场；到了垂暮，北上幽州更是几入虎口……这一桩桩、一件件的事近在眼前，心酸也慢慢荡漾。

李白站在渡头前回首相望，看见的只是云山万重，而看不见长安在何处。凝望，注视，却一直没有出现那个自己心中的长安城。恍惚间，他看见江水连上汉水，汉水又连上渭水，而这渭

我辈岂是蓬蒿人 李白诗传

水，就经过那长安城。好像是从扬子津那里上船，一直坐着，就可以到达自己想去的目的地。但是自己想去的那里，还存在吗？

这白浪如山的横江，又怎么能轻易地渡过？就连常年手执桨支的船夫，也是愁容满面，而那万水千山外的长安，又怎么能再回去呢？回不去了！

李白想踱着步子归去，却只听更加汹涌的江水拍岸而来。他知道，在那江水流向水云雾气弥漫的地方，就是大海。传说中海神的形象渐渐在李白头脑中清晰。却不想忽来一阵阴风，掀起一阵惊涛骇浪，直直地拍打着天门山。本想着能将完整的那一块石壁冲开来，可却在顷刻之间，李白变了神情。

李白看到了安禄山，那海神便是安禄山！那恶浪滔天成了千军万马，那天门山就是潼关。李白告诉自己不要想那么多，可是这岂是自己想控制就控制得了的。他明明知道安禄山的一些秘密行为，也明明知道唐朝即将发生一场灾难，可是，他却无法挽救。只恨自己不能翻手为云、覆手为雨。

李白正要离开这横江渡，却不想遇到了狂风。于是，他便留下来，找了处酒家，饮上一壶烈酒，心里想着，暴风雨还是想来是吗？那就让它来得更加猛烈吧！

于是，便有了《横江词六首》。

其一

人道横江好，侬道横江恶。

一风三日吹倒山，白浪高于瓦官阁。

其二

海潮南去过浔阳，牛渚由来险马当。

横江欲渡风波恶，一水牵愁万里长。

其三

横江西望阻西秦，汉水东连扬子津。

白浪如山那可渡？狂风愁杀峭帆人。

其四

海神来过恶风回，浪打天门石壁开。

浙江八月何如此，涛似连山喷雪来！

其五

横江馆前津吏迎，向余东指海云生。

郎今欲渡缘何事，如此风波不可行！

其六

月晕天风雾不开，海鲸东蹙百川回。

惊波一起三山动，公无渡河归去来！

李白感叹人生不过匆匆数十载，却还要受到百般的折磨。黎民苍生又有何错，却不想又要遭到铁蹄的践踏。秋季的枯黄正应了李白的心境。而宣城城东的那条宛溪却让他想起了青莲乡的盘江，虽然不如盘江那般大，却也带着些许家乡的味道。城北的敬亭山，稀疏的落叶也让李白想起了在青莲乡时的大匡山，虽没有大匡山那般高危，却也透着些清秀怡人的芳香。

山林间星星点点的杜鹃花，那颜色仿佛像沾了血迹一般，红得令人心生惧意。

我辈岂是蓬蒿人 李白诗传

李白的故乡有很多子规鸟，听老人们说，这些子规鸟之所以叫作杜鹃，是因为传说中，子规是古蜀时杜宇的精灵所化。暮春时节，这鸟儿总是在夜半时分就开始啼叫，直到第二天天明，叫到口中滴出鲜血。

大概，这杜鹃花就是子规鸟口中滴下的鲜血吧！

这里无时无刻不存在着蜀中的氛围，牵动着李白思想的情绪。

太守和长史对他非常热情，李白也权当这里就是家乡，安稳地住了三个月。

三个月的时间，李白除了游览各处的名胜古迹，就将自己困在屋子里读《庄子》。当没有钱买酒吃了，就写几首诗文给长史或者太守送去，他们便会送来一些接济之财。很多时候，李白刚刚拿到手的钱，就毫不犹豫地给了酒庄。他很喜欢纪老头的酒肆中卖的"老春"。每当喝到了这色清味醇的酒，李白便能安下心来，不再浮躁与不安。人们觉得他过得悠闲，而他确实悠闲自在。

一日，李白在敬亭山上的一处亭子歇息，看见一个胡人在吹笛子。这调子是他所熟悉的秦声，而在长安城中，他也听过《梅花落》《出塞曲》。不想，在不经意间，自己已泪满衣襟。于是，李白便写下了《观胡人吹笛》：

> 胡人吹玉笛，一半是秦声。
> 十月吴山晓，梅花落敬亭。
> 愁闻出塞曲，泪满逐臣缨。
> 却望长安道，空怀恋主情。

原本李白也忘记了这段日子是否足以抚平自己的伤口，可是时间有的时候会让伤口结痂，有的时候，还会让伤口溃烂，让你不得忘。在给李昭的诗文中，李白发出了这样的感慨："才将圣不偶，命与时俱背。独立山海间，空老圣明代。"

李白闲坐于敬亭山，感受着大自然的气息，感受着四周的寂静，感觉自己已经四大皆空、六根清净，却不想这从内心发出的声音，却仍旧带着浓浓的愁。开口吟出《独坐敬亭山》：

众鸟高飞尽，孤云独去闲。

相看两不厌，只有敬亭山。

在李白的心里，只有这座小山可以与他互诉衷肠了。

原来，李白表面上的悠闲恬静，竟像那淡淡的一层玻璃纸，不能碰，一碰，便碎了。

李白不远千里来到宣城，本来想求得宁静自然的平凡生活，却不想过于安静，竟让他觉得如此落寞。

不论是南陵县的常某还是县令崔某，都是非常好客的人，知道李白来了以后，就带着李白去看了铜官矿，游了五松山，观赏秋浦风光。李白又到了青阳，与当地的很多名士一起赏玩了九华山。泾县的县令汪伦，原本是风流倜傥之人，更是爱好诗文的儒雅之辈，知道李白途经此处，自然是开心得不能自已。

两人见面后，汪伦更是感觉在观瞻天人。汪伦为李白安排了几处酒席，还邀请他去桃花潭一同游赏。盘桓了数日，李白也要离开了，临别之时，却看见汪伦在河岸上召集了些乡民，齐齐地为他跳了一段赠别之舞。

李白热泪盈眶，然后大喊出一首《赠汪伦》：

> 李白乘舟将欲行，忽闻岸上踏歌声。
>
> 桃花潭水深千尺，不及汪伦送我情。

宣城的民风淳朴而热情，让李白的愁绪稍稍减淡了些，然而，"白发三千丈"却出现在这时候的李白的诗中。

李白回到宣城时，已经是秋叶落尽的季节了，李白却不知为何，突然间心烦气躁起来，每日食之无味，夜间则辗转反侧。就在不知道怎么办才好之时，却恰好族叔八品监察御史李华出使东南，路过宣城。

两人阔别已久，见了面李白便邀李华同登谢朓楼。其实，李白是想从李华的口中得到些朝廷的消息。

然而，那些现实却让李白更加惆怅：杨国忠为了邀功固宠，滥用武力，出兵南诏，至西洱河，大败。而他就将真相隐藏，继续出兵，可惜全军覆没，前前后后，竟有二十万人无辜地死去。

李白孤独地守在离真相最近的边缘，却没有办法将它公之于世，有什么比这更让人惆怅与焦急的呢？更何况，这事实的真相，有可能导致一个国家的覆灭，会使很多无辜的百姓流离失所。

在记忆里，有一些瞬间，经历时没什么特别，回想时却胜过万语千言。

狼烟遍地，乱世逃亡

危险迫在眉睫，可是又是谁的眼中尽是迷离。李白的心灵需要归属何处，又是怎样让那些一页一页翻过的，在脑中过滤的恐怖停留在最该结束的地方？孤独在寂寥的月光中，悲凉不禁从心头升起。

偶尔会想起，想起某些曾经遇见，未必能再遇见，甚至永不可见的人。像季风过境，午夜梦醒，记忆芳菲。

唐玄宗依旧沉湎于美酒佳肴，也依旧是杨贵妃随侍身侧，终日不离。杨氏家族中的兄弟姐妹个个都封了大官大侯，钱财封地比那诸侯的都多。每个侯爷贵戚都抢着向杨家兄妹奉承，他们一桌子的饭菜钱，比那普通人家的一年钱财还有余。

关中水旱相继，去年秋季连续降了六十天的雨，而且物价开始暴涨。街头巷尾都是哀号啼哭的声音，朱雀门大街上都是饿殍。长安城乃至整个大唐，民不聊生，怨声四起。

李华呢，虽然自己肩负着监察的重担，专司考核官吏，可是却在权臣当道之时无计可施，事事掣肘，导致寸步难行。这次奉了皇命巡按郡县，发现很多值得上报的不法丑事，可是牵涉到底的，却还是些朝中权贵。想不管吧，难以交差；想管吧，还真是无计可施，于是大着胆子参了几本。可是直到现在，这颗心还是悬在嗓子眼里，不能放下来。

李华所说的，都证明一个观点，唐朝的盛世已经是一去不复返了。就像昙花只开那一夜，一夜也只有那么一小会儿时间。虽然美丽，却也抵不过时间的流逝。

两人相望无言，听得天空中大雁传来的"嘎——嘎——"之声，都不禁抬头望向天空。大雁排着整齐的队列在万里无云的天空中自由地飞翔着。然后横过宣城上空，渐渐消失在天的尽头。

秋雁的离去将李白的愁绪带走了，于是两人又开始畅谈。纵谈古今，从文学讲到社会趣闻，再到各种牛神鬼怪、历史秘事，无所不谈，无所不欢。

两人都想到，古时的文人都无一不是壮思腾飞，豪迈义兴，所以，必须是有一等一的胸襟和气魄，才能做得出一等一的豪思壮文。李华问李白他最近的作品，李白便吟诵了最新的《横江词》。李华说这明明就是一等诗文。而李白听了李华最近的新作《吊古战场文》，便对其赞不绝口，更加大胆地说出这比以前李华的《含元殿赋》更加妙不可言，精彩绝伦，名为吊古，实为讽今，就似李白的《战城南》：

去年战桑干源，今年战葱河道。洗兵条支海上波，放马天山雪中草。万里长征战，三军尽衰老。匈奴以杀戮为耕作，古来唯见白骨黄沙田。秦家筑城避胡处，汉家还有烽火然。烽火然不息，征战无已时。野战格斗死，败马号鸣向天悲。乌鸢啄人肠，衔飞上挂枯树枝。士卒涂草莽，将军空尔为。乃知兵者是凶器，圣人不得已而用之。

两人谈到了谢朓，皆唏嘘了一场。不仅仅是对他的文才感到叹服，更是对他的身世感到同情。作为一代才华绝伦的诗人，却冤死在狱中，只活了三十五岁。直叹得那钟嵘《诗品》中云："恨其兰玉夙凋，故长辔未骋。"

故人的悲剧似乎又触动了李白敏感的神经，他感怀自己有志难酬，也感怀自己仕途多舛。于是，李白写下了《宣州谢朓楼饯别校书叔云》：

弃我去者，昨日之日不可留；乱我心者，今日之日多烦忧。长风万里送秋雁，对此可以酣高楼。蓬莱文章建安骨，中间小谢又清发。俱怀逸兴壮思飞，欲上青天揽明月。抽刀断水水更流，举杯消愁愁更愁。人生在世不称意，明朝散发弄扁舟。

李白将自己的愁绪抒发，寄思于诗，留给后人的，便是盛唐转衰的历史文化真实的写照。

终于，暴风雨来了，史上著名的安史之乱爆发了。

天宝十四载（755年）十一月，安禄山在范阳发动叛乱，引兵南下，二十万士卒踏出的灰尘都会将一座城池湮灭，众关口守将望尘瓦解，安禄山轻松南下。

叛乱的消息传来，李白正在金陵，这时的李白已有五十四岁。李白早就知道这场叛乱将要到来，所以也就没有过多的震惊，更没有遁世避俗的打算。事到如今，他才发现对家人的保护似乎没有过多准备。夫人宗氏还在睢阳，儿子伯禽身处瑕丘，女儿倒是嫁人了，少了一份担忧。可是夫人和儿子身在异处，却是让他为难。他是先去接谁好呢？幸好他的门人武七赶了过来，自告奋勇地要去接伯禽，否则，李白着实要为难一阵子。叛军的铁蹄直往南下，而李白却朝着北面的睢阳飞奔。

　　当李白和夫人及如潮水般的难民涌出睢阳之际，回首相望，却见城不像城，这里，已经上演了最为残酷的现实。

　　同年十二月，朝廷派出了金吾大将军高仙芝率领东征大军，刚刚出了长安，却听闻叛军已经过了黄河，而河南郡已经失守。

　　李白和宗氏随着逃难的人群向南逃亡。李白衣衫不整，宗氏更是蓬头垢面。李白边逃边向后看去，想起开封楼上悬挂着的人头，想着荥阳城下堆满的尸体，不知不觉地闭上了眼睛，拒绝再次去想。可是睢阳城中的一片火海，和那些在火海中丧生的人们还是会出现在眼前，就像是刚刚发生的事情，记忆犹新，生生刺痛了李白的心。逃亡途中，李白又听得了东都洛阳沦陷的消息。李白不由得想到了那如潮水般的叛军像是一群魔鬼，正举着刀向天子脚下的长安，步步逼近。

　　光想又有什么用，就算眼泪出了眼眶，自己又有什么能力去阻挡这一切呢？他也只能拼命地赶路，才能分散些自己的愁思。

　　天宝十五载（756年）正月，安禄山在洛阳准备称帝大典，国号为"大燕"。由于安禄山忙着登基大典，朝廷也获得了一些喘息调整的时间。他们起用了在京养病的陇右节度使哥舒翰为兵马副元帅，并且命他率领八万大军去镇守潼关；又令朔方节度使郭子仪、河东节度使李光弼出兵河北，攻叛军后方；常山郡太守颜杲卿、平原郡太守颜真卿等也纷纷起兵讨伐叛军，河北诸郡强烈地响应。更是传出了御驾亲征的消息，举国振奋。就这样，在春天，长安的形势大有好转。

在送别友人的席上，李白听闻了御驾亲征的消息，兴奋异常，对当前的局势明显有了乐观的心态，感觉前途大好，豁然开朗。于是在赠别的诗文中，便有了"自吴瞻秦，日见喜气。上当攫玉弩，摧狼狐，洗清天地，雷雨必作。……"的句子。

李白以为，御驾亲征，便一定会扫除一切障碍，中原会马上恢复元气，战争会马上结束。正当李白兴奋之际，却听闻杨国忠等人阻挠御驾亲征之事，便没了下文。后又传出高仙芝兵败，被斩首于军前，他率领的东征军更是有一半被俘。还有常山郡太守颜杲卿死于非命，还有河北诸郡降了安禄山。这些消息都像是晴天霹雳劈中了李白的心。他对朝廷抱的期望，都被奸佞毁了。

同年六月，唐玄宗命哥舒翰收复洛阳，然而哥舒翰却认为不适合速战，应该坚守潼关，以静待变。郭子仪、李光弼也上书说："请引兵北取范阳，覆其巢穴，贼必内溃。潼关大军，唯宜固守，不可轻出。"然而，唐玄宗听信了杨国忠的谗言，频频调遣侍卫令哥舒翰出征，哥舒翰在迫不得已的情况下领兵出征，却毫不意外地中了敌人的埋伏，在潼关大败。

潼关破了，唐玄宗不得已仓皇出逃。长安的陷落，也是迟早的问题。

　　转瞬间，这样美好的盛世就不见了。李白是盛唐的见证人，而那些繁华也只能作为过往，留在记忆里了，仿佛是轻柔的零落，沾染了尘世的味道，沉醉在心里最深处。

　　常常是这样，要么是惆怅，要么是欣喜，总让人身不由己。

追随永王，身陷囹圄

听闻叛军即将南下，李白与家人也不得不去庐山避难。

这一路上，李白觉得自己颇有苏武去国万里、田横亡命入海的心情。恍惚间，洛水就像是那易水，而嵩山却成了燕山。

亡国家恨的伤感顿时涌上心头，偏偏那子规鸟却在这时拼命地喊着："不如归去，不如归去……"就像是利刃一般，使劲地戳着李白的心。李白哭诉着："归心落何处？日没大江西！"是啊，既然太阳已经在大江西面沉没消失了，而你又让我回到哪里去呢？

李白虽隐居避世，却也在深山之中，想着外界的战事，时时不能安歇。夜里的李白总是辗转反侧，心思也常常在万里之外。即使入睡，也是梦见那东都洛阳路边野草上沾染的鲜血，梦见城中戴着官帽穿着官服的豺狼，梦见那烈火之中熊熊燃烧的盛唐，还有安禄山和他的将士们在狂舞……他的思绪已不能再受自己控制。

李白在隐居的日子里，常常在脑中浮现的，都是人们那一张张惊慌、绝望的面庞。而朝廷颁发的那些"制置"之诏，也没能缓解李白心中半分的痛苦。

而这"制置"之诏则是在天宝十五载（756年）六月间，唐玄宗在去蜀的途中采用了宰相房琯等人的建议颁下的：太子李亨为天下兵马大元帅，率领朔方、河东、河北诸道兵马，收复长安、洛阳。永王李璘则为山南东道、岭南、黔中、江南西道节度都使，攻略长江流域。

但是没等诏书颁布，太子李亨就继位成了灵帝，是为唐肃宗，改元至德。而唐玄宗就成了太上皇。至德元载（756年）九月，永王李璘积极准备出镇江夏。这朝廷的大风波才算过去。

李白在隐居之地度日如年，正当他不知该如何排遣心中所想之时，故人韦子春到访。韦子春是在天宝初年，李白待诏翰林时认识的，在秘书监当过八品著作郎，因为多年都不得升迁而辞官归故里。但是这次，却被永王邀入帐下，担任司马一职，这次来寻找李白，就是奉了永王之命，来聘请李白入幕。

寒暄完毕，韦子春就将这"制置"之诏说出，并重点讲了永王出征之士气高涨，和李白一直想知道的军机大事。

李白听了喜出望外，想着东下金陵，再以金陵为根据地，然后出师北征。兵分两路，一路从运河直到河南，另一路则跨辽海直至幽燕，配合新帝，收复长安和洛阳，指日可待！但是即使他万分地想下山助朝廷一臂之力，却也有很多考量。李白推托道："愚兄草野之人，疏懒成性，且已年过半百，恐不堪用。"韦子春自然是说"多事之秋，大丈夫应当仁不让"之类的话，但是李白还是拿不定主意。

李白和宗氏商量到深夜，宗氏仍旧坚持"宁与李白若糟糠，不教夫婿觅封侯"。但是李白却说："封侯事小，报国事大。"虽然一直深居深山，却还是心系朝堂，这些日子彻夜难眠，不就是明证吗？宗氏知道李白的心性，只要是他决定的，没有什么能改变。于是以幽州之行为前车之鉴。李白却一直说这是关乎社稷苍生的，又怎么能跟那次幽州之行一样呢？于是，李白便决定了，过完这个年，就动身前往永王之处。

大年初五，李白随着韦子春，身着永王送来的崭新衣帽，拿着永王最为信任的幕府判官李台卿的亲笔信，坐上永王派来的肩舆离开了。离开时，他看见宗氏在抹眼泪，便有些不舍，说道："归来傥佩黄金印，莫见苏秦不下机。"

骑着马跟在肩舆后边的韦子春纳闷：哪有配了黄金印，反而不下机的道理？李白笑称，韦兄有所不知，这宗氏一心向道，但凡是从政在她看起来都是粪土，没什么用的。韦子春这才明白，原来李白这是在反用苏秦的故事，便打趣道："不会配得黄金印，就会对自己这个俗人不加理睬了吧！"

李白在肩舆上吟起诗来："谷口郑子真，躬耕在岩石。……苟无济代心，独善亦何益？"韦子春在后面赞同，是啊，像汉代郑朴这样有经国之略的高士，却始终寻求独善其身之道，对苍生社稷又有什么用呢？

下山的途中，李白写了一首《赠韦秘书子春》与韦子春共勉：

徒为风尘苦，一官已白发。

气同万里合，访我来琼都。

披云睹青天，扪虱话良图。

留侯将绮里，出处未云殊。

终与安社稷，功成去五湖。

其中的"终与安社稷，功成去五湖"，表现了李白当时急于对国家做贡献的心理。李白不论经过什么样的打击和挫折，都是心系社稷的。

李白下山之际，正赶上永王大军到浔阳。放眼望去，只见江面之上，舳舻蔓延千里，旌旗蔽空，号角震天，军鼓咚咚。早春的光辉让满江的战船都沾染上熠熠光辉。

见了这壮阔的景象，李白激动得不能自已，张口半晌却说不出一个字。任谁见着，都会惊讶吧！这么强盛的军队，这样鼓舞的王师，旗开得胜，必是指日可待之事！

为了给李白接风，永王在最大的那艘船上举办了盛大的宴会，鼓吹雷鸣，歌舞翩翩，李白也是经过了人生中最为与众不同的洗尘宴。高谈阔论、吟诗作对，热闹了整整一日才休。其实永王没有想过要封李白一官半职，可是李白却已经将自己与"乐毅登上燕昭王的黄金台"的典故深深地结合，他已经对自己的报国之路有着充分的幻想了。所以，他那狂傲不羁的性情再次展露出来，当场吟诗一首："……浮云在一决，誓欲清幽燕。愿与四座公，静谈金匮篇。齐心戴朝恩，不惜微躯捐。所冀旄头灭，功成追鲁连。"

在东进的途中，李白更是浮想联翩、思绪翻涌，接连写下了《永王东巡歌十首》。李白欣喜地认为，永王东征是奉命行事，是"天子遥分龙虎旗"之壮举，这一举动必将得到三吴民众的拥护。他也欣喜地以为，大军过三江、渡五湖、跨辽海、救中原，不日就会大获成功，奏凯还朝。

　　李白欢喜地认为，永王是将自己当作谢安，而自己也会在谈笑风生之间将敌人杀得片甲不留，建功立业来实现自己平生之夙愿，接济百姓，安抚社稷，然后功成名就之际便身退隐居，留得美名垂青史。

　　可是，这都是李白的梦罢了。很快，这梦就醒了。其实肃宗早就诏命让永王回到太上皇身边去，可永王不从。在百般无奈之下，肃宗对永王下达了讨伐令，而且调遣了士兵将永王团团包围。

　　就在李白满怀美梦之际，残酷的现实将其敲醒，而自己口中歌颂的圣主和贤王，本以为能齐心协力将叛军驱逐出境，却不知，自己已经在内战的硝烟之中。

　　内战在金陵一带爆发，结局是永王惨败，慌忙逃往鄱阳，后又被江西采访使皇甫侁所杀。

　　李白从死人堆中爬出来，却在逃往庐山的途中被抓获。他被扔进浔阳的牢房之中，得了个罪名，叫"附逆作乱"。

　　氤氲着水汽，却始终找不到附着物来使之凝聚，就这样在风尘中珍藏浮华。生命中经受的那些大起大落，又怎么会这样在一腔清歌之间惆怅了年华，消逝不见的韶光已经淡漠了执着，却始终淡化不了满腔的悲哀。

牢中作诗，反调正唱

也许，时光真的会变化一切，就像是人，就像是心，就像是岁月。仿佛这世间没有什么是永恒的。曾经满心的情绪什么时候便成了这样，说不清，道不明，剪不断，理还乱。随着那茫茫的大江，奔流而去。

至德二载（757年）春，李白仍旧在浔阳的牢房中，他戴着手铐脚链，跪在监狱潮湿的地面上写着申诉书，心中已是凄凉满满。

这是春季，牢房之中却连小草都没发出来；这是白天，牢房中却灯光昏暗；这是牢房，却潮湿得连老鼠都不会来。而那发霉的饭菜，带着颜色的水，又怎么能给人食用呢？为什么自己会身陷囹圄，为什么自己会在半百之年遭受这样的飞来横祸。不能保家卫国已是痛彻心扉，却还要在这里品尝着家道中落、骨肉分离的心酸，又有谁会懂得？

宗氏手捧着李白亲自书写的申诉书在外四处奔走，能求援的几乎都求了个遍，可是又有哪些人能求得动、哪些人能帮得起啊！

半年后，李白被放了出来。江南宣慰使崔涣和御史中丞宋若思查明李白无罪，准他出狱。

唐肃宗听闻永王身亡的消息十分悲痛，对着皇甫侁大发雷霆，口口声声道："侁既生得吾弟，何不送至蜀中，焉敢擅杀！"然而谁知，没有唐肃宗的命令，又有谁会擅自杀害亲王。皇甫侁就这样背了黑锅，终生不得用。

所以，李白就获得了自由之身。

出狱的那天，牢房外站着苦苦等待的妻子，李白见到许久未见的阳光，竟也不知道高兴是个什么心情。

宋若思欣赏李白的才华，没有让他归隐山林，而是将他留在幕中，想继续将他推荐给朝廷。可谁知，唐肃宗的旨意却是：流放夜郎。

这个旨意令宋若思瞠目结舌，也让李白体会到了什么叫"晴天霹雳"。李白又被抓进狱中，宗氏来探望他，却见李白只字不说，呆呆地望着天空，像傻了一般。宗氏连眼泪都哭不出来了。

十月的秋季像以往一样，却在没有节日的一日，鞭炮声声响起，听狱卒说后，才知道长安、洛阳已经收复，天下已经太平了。李白突然站起来，握着牢房的栅栏，目光灼灼，却发不出声音，便颓然地坐下。

十二月的一天，外面又传来欢呼声，原来唐玄宗和唐肃宗都即将返回长安，普天同庆，而牢房中也是赐酺五日。

本没有李白的份，可是狱卒可怜他，也给了他一份酒肉。李白谢过好心的狱卒，却跨过佳肴，将酒一饮而尽。

许久未曾饮酒的李白，现在胃里翻江倒海，自己的心情，久

我辈岂是蓬蒿人 李白诗传

久不能平息。自己是罪人，而皇帝则是英明君主。城池是谁弄丢的？天下是谁搞乱的？这该死的暴乱是谁引发的？这一切又何曾与我李白有半点关系？现在普天同庆，皇帝、将士劳苦功高，却不想自己背了个巨大的黑锅！是啊，普天同庆，李白也就赠诗一首吧！说着，他渐渐失去了意识。醒来后，看到囚房中有个医生在为自己诊脉。原是狱卒同情他，就请了大夫来给他看病。他是重犯，死在牢房终究不是件好事。

大夫摸摸脉，只道是七情抑滞，肝郁不舒，需要发泄发泄，否则壅塞日久，就不好说了。狱卒知晓，便吩咐大夫去抓些药来。

狱卒也是费尽了心思，找来了些《诗经》之类的书籍让李白消磨时间。从那以后，便常有年轻的狱卒向李白讨教《诗经》。

一日，学到"鄘风"的《君子偕老》。李白照常是先诵读一遍，再解释一番。最后讲道：齐宣公的夫人宣姜在宣公死后，与庶子姘居。因此齐国人就写下了这篇文章。原是夸赞宣姜的头饰如何之美，衣衫如何之美，容貌如何倾城，但是全文却无一句赞颂她的品德，便问那年轻的狱卒，是什么含义。狱卒想了片刻，便脱口而出，是说她缺德！李白欣慰地看着他，称其孺子可教也。

又一日，李白讲到"齐风"的《猗嗟》，解释道：鲁庄公的父亲死后，庄公的母亲文姜常去齐襄公那里幽会，鲁庄公不但不劝阻自己的母亲，还与母亲一同前往齐国。齐国人作了这首诗，也是对鲁庄公一派赞美之词，赞赏他的容貌俊美、身材高大、武艺超群、能歌善舞，唯独没有提到他的品德。年轻的狱卒立刻就想到了这是与《君子偕老》用的同一种方法。

李白感到十分高兴，看着这个敏而好学的年轻人，心中充满了满足感，说道："以美为刺，正是常用的表达情意的方法，也就是'反调正唱'。"

李白突然想到，自己又何尝不能反调正唱一回呢？

于是，便有了《上皇西巡南京歌十首》。李白写好后，还将其贴在了囚房的墙上，供众人瞻仰。

其一

胡尘轻拂建章台，圣主西巡蜀道来。

剑壁门高五千尺，石为楼阁九天开。

其二

九天开出一成都，万户千门入画图。

草树云山如锦绣，秦川得及此间无？

其三

华阳春树号新丰，行人新都若旧宫。

柳色未饶秦地绿，花光不减上阳红。

其四

谁道君王行路难？六龙西幸万人欢。

地转锦江成渭水，天回玉垒作长安。

其五

万国同风共一时，锦江何谢曲江池？

石镜更明天上月，后宫亲得照蛾眉。

其六

濯锦清江万里流，云帆龙舸下扬州。

北地虽夸上林苑，南京还有散花楼。

其七

锦水东流绕锦城，星桥北挂象天星。

四海此中朝圣主，峨眉山上列仙庭。

其八

秦开蜀道置金牛，汉水元通星汉流。

天子一行遗圣迹，锦城长作帝王州。

其九

水绿天青不起尘，风光和暖胜三秦。

万国烟花随玉辇，西来添作锦江春。

其十

剑阁重关蜀北门，上皇归马若云屯。

少帝长安开紫极，双悬日月照乾坤。

巡视监狱的御使看见了，觉得这些诗写得很好，便将其呈给了主管，主管也觉得好，便交给了朝廷，还在奏折中写着"臣所管犯人李白，虽罪在不赦，然在狱中将近一年时间，尚遵管教，颇知悔改。近作歌词十首，颂扬西巡盛事，恭贺圣主还朝，足见该犯自新之意，臣等执法之勤……"之类的话语。

年轻的狱卒看着这首诗歌，虽然表面上是声声赞美，颂扬西巡之盛况，赞扬蜀中之美景，赞颂君主如何称心如意、乐不思秦。可却没有写这位圣明君主是如何担有苍生社稷，如何寻求治国方针，如何兼顾治理天下的宏愿的。

这不是与那《猗嗟》和《君子偕老》一样，同为反调正唱吗？不自觉地，这小狱卒为自己的先生捏了一把汗。他的担心确实有道理，但也确实多余。像这样的手法，如果能被人看出来，也说明这人心系国家命运，而不是只顾着贪图享乐。

这样的人在朝中虽然有，却也真是少得可怜。李白留下这首诗的目的，一来是因为自己的郁郁心情可以由另一种途径发泄出来，是一件非常痛快的事情。二来后人一定会有看得懂的人。这人无论身在何时何地都会体会自己的心情，李白也算是找到了知音，心想着，这就是一件幸福的事情。

荒凉中找寻知音，何其之幸事，孤独的时光里有人相伴，被重视，被崇敬，就是再好不过的慰藉。

时光也会记得，那些温柔的事情。

途中赦免，中兴梦碎

巍巍的岁月长河中，有什么是可以祭奠的，当那些美好都渐渐化作了过去，当自己带着悲凉的心境去做自己过去认为美好的事情，这才最令人痛苦。李白写了《上皇西巡南京歌十首》以后，病情大有好转，而且还得到了宽待，允许他见亲人和好友，食物也比以前丰盛。

在唐肃宗乾元元年（758年）的春天，已经五十七岁的李白从浔阳出发去了流放之地。他戴着脚镣手铐走出牢狱，走向江岸。近一年的牢狱生活使得李白的背有些佝偻，脸色愈加苍白，容貌愈加枯槁。

江边站着的都是自己的亲人好友，面对送行之人，李白却连感怀之心也没有了。狱卒发了善心让他卸下脚镣手铐去和亲友道别。

一张张熟悉的面庞映入李白的头脑中，他们带着悲喜交加的表情，久久不能从心中散去。李白上了船，看着岸边渐渐渺小不见的身影，流下了热泪。

李白在途中经过江夏，其太守韦良宰是李白的故人，所以留他在那里休息了两个月。经过汉阳，李白与故人尚书郎张谓相遇，便被邀请去住处休息了一个月有余。经过江陵，郑判官和当地一些人士也将李白留了不少时日。

直到入冬以后，李白才算是上了三峡。三峡的两岸愈加高耸了，起伏的叠嶂，广阔的江面，却也是那般艰难。真叫人愁白了头，李白在舟中写下了《上三峡》一诗：

> 巫山夹青天，巴水流若兹。
> 巴水忽可尽，青天无到时。
> 三朝上黄牛，三暮行太迟。
> 三朝又三暮，不觉鬓成丝。

这千里三峡竟也走了两个月有余，直到第二年春季才算到了这夔州州治奉节——古白帝城。再向前走，就是南下黔中道——古夜郎了。

李白站在白帝城城头，百感交集，想起青年时代，出三峡，下长江，东游江陵，扬州作乐，是何等风华正茂、意气风发，只可惜自己却见到这大唐盛世从光辉灿烂变得现在这样破败不堪，自己也每况愈下。

原来，自己的命运与大唐的兴衰，竟是如此惊人的吻合。连李白自己，也是在不知不觉间发现的。那长安，是自己翘首以盼之地，却也是给了自己最大希望和失望的地方，多少次的徘徊，竟也只落得流放的下场。想到屈原被流放，哀吟泽畔，客死他乡，不知道自己又会不会是那样的结果。

李白正准备离开奉节去流放之地，却在途中听闻朝廷因旱灾赦免了流刑以下的罪犯，他也是其中之一。

李白高兴得将这几年来压抑的情绪宣泄一空，他知道自己大难不死，必有后福。现在朝廷赦免了他，李林甫等奸佞之臣也都被诛杀驱逐，没有人会排挤他、嫉恨他了。自己是不是又有机会被再次起用呢？

回江夏去吧，江夏太守韦良宰还在，他们一定会欢迎他的，他也一定会被推荐给朝廷。李白坐上了东去的小舟，这东去的春水也迅速地将李白的心情带到江夏，李白在这小舟之上，心情愉悦，于是便有了《早发白帝城》一诗：

> 朝辞白帝彩云间，千里江陵一日还。
> 两岸猿声啼不住，轻舟已过万重山。

李白来到江夏，时值盛夏，山花烂漫。这江夏繁华得不可方物，到处熙熙攘攘。人们忙于欢庆佳节，显得格外欣喜。在赠予汉阳县令的《自汉阳病酒归，寄王明府》的诗文中，李白表现出了无与伦比的兴奋之情：

> 去岁左迁夜郎道，琉璃砚水长枯槁。今年敕放巫山阳，蛟龙笔翰生辉光。圣主还听子虚赋，相如却与论文章。愿扫鹦鹉洲，与君醉百场。啸起白云飞七泽，歌吟渌水动三湘。莫惜连船沽美

酒，千金一掷买春芳。

此后，李白便在江夏之地广为散诗求助。到了初秋，却只得到韦太守临走时送他的一根嵌着碧玉的手杖。许是韦太守觉得深有愧疚，就赠些东西以示歉意。李白真是体会到了，他这个刑余之人，虽有壮志，却不得伸，"西飞精卫鸟，东海何由填"？就在扬花落尽之时，李白的中兴梦碎了。

李白心中的苦闷自是无处宣泄，就独往鹦鹉洲去凭吊祢衡。想到那个击鼓骂曹的狂士，就恨不得自己也脱光衣衫，破口大骂，但是最终，却也只是在一首《鹦鹉洲怀祢衡》中，抒发了自己不得志的情怀。

这时，南陵县的县令韦冰因事路过江夏，就约了李白和几个好友在赤壁之所畅游一日。痛饮一番之后，李白的郁闷之情才算是倾倒了出来，然而心思还是停留在这里久久不能缓解。

这年的秋天，李白在洞庭西南的巴陵与故人贾至和族叔李晔相遇。曾经的中书舍人贾至被流放到这里，曾经的刑部侍郎李晔也被贬到他处路经此地。三人相聚，互诉衷肠。贾至是因为起草了"制置"之诏而引祸上身，李晔也是因为与官宦相斗不过而被害，都有满腹的委屈，却无处去说，这三个天涯沦落人，集到一处，就没什么好说的了，只是痛饮，只是哭诉，只是感慨，只是哀怨了。

第二日，他们同游了洞庭湖畔的岳阳楼，却不巧正是淫雨霏霏、阴风怒号、浊浪排空的时节。三人在这样的天气里也能谈笑风生，总好过被人冤枉。其实被流放有时候也算是件好事，至少

我辈岂是蓬蒿人　李白诗传

可以避开那些牛鬼蛇神。

两京收复后，朝廷便对如何彻底平息叛乱没有什么深谋远虑，只求得苟且偷生，没有切实地想要兴复社稷。讨论了一会儿政事，便有些兴趣乏然。觉得那些什么"中兴"之谈，真是子虚乌有。李白想到自己盛夏期间的那段忙碌时间，便觉得可笑至极。可是也是经历过，才深刻地体会到现实是有多么残酷。

不久，李白便想起杜甫，忙问起李晔他的近况。而李白这才知晓，杜甫在"安史之乱"期间，也真是受了不少的苦。在李白遭受浔阳牢狱之灾时，杜甫从长安城中逃了出来，奔赴凤翔，唐肃宗念他"麻鞋见天子，衣袖露两肘"，给了他一个左拾遗当。然而好景不长，两京收复，圣驾就还朝了，杜甫正准备为中兴大业死而后已之时，却因"疏救房琯"一事，陷入新旧党争。这下子龙颜大怒，特诏命三司推问。后来有幸得到宰相张镐的营救，被贬为华州司功参军，又因对朝廷实在失望，就辞官还乡了。

李白感叹，这杜甫的命运，也真是与自己的相似之极啊！李晔还说，杜甫听闻李白下狱流放，也不知最终是死是活，无计可施，却也甚是不平，如果自己还在朝中，必会奏上一本的。李白真是不知道说什么才好，杜甫那样的情形，连自己都难以自保了，就别说为别人打抱不平了。凑巧，当他们从岳阳楼回到贾至住处的时候，杜甫送来书信，并附有《梦李白》诗文两篇。三人看了，都热泪盈眶，被杜甫的真情感动，也是为这样敢于在乱世为一个流放犯仗义疏言的气节所动容。

这样赤心刚肠、疾恶如仇之人，真是与李白相像极了。这两人的肝胆相照、赤心相待，一定会为后人所敬佩。李白游罢洞庭，便动身回了宗氏寄居的豫章。

当李白见到妻子满头白发、一身病痛，顿时清泪数行，无限的辛酸萦绕在心头，满心的愧疚竟也无法倾诉，只有抱着妻子，两人痛哭起来。

记忆中的风，吹过往事的天空，渐渐撕裂成美丽的音符，却无法跳跃在最终的歌谣里，因为，渐渐地，它也会变得微不足道。

请缨抗敌，病老作罢

　　岁月已经在脸上刻画出了深深的皱纹，李白的苍老也是经过时间见证的。遗忘与深刻的矛盾永远萦绕，可是兜兜转转，该在的还站在那里等你，不该在的，却早就失了踪迹。

　　李白在夫妻团聚后，度过了自己的六十大寿。但是宗氏即使再贤惠，宗氏的兄弟宗璟即使再仗义，总是在宗璟家中，也着实不是多么自在。

　　所以李白便离开了豫章，决定出游鄱阳。李白仍旧过着以往的生活，到州县吏门里去当食客。可是现世杂乱，诗文一文不值，李白实在无奈，便到了鄱阳湖东的建昌县，那里的县令和他有交情，就留他在府上多住了几日，也给了些丰厚的盘缠，这才令李白有面子回到宗璟的家中，和宗氏姐弟过了一个安稳的新年。

　　过了年，李白夫妻就各觅他处了。宗氏上了庐山找女道士李腾空，这李腾空是李林甫的女儿，但是虽然生在奸佞之家，却一心向道，父亲死后，便出了家。于是，两人就成了要好的朋友，就像李白之于元丹丘。

而李白则去了金陵。这年五月份，李藏用，参与平定刘展之乱的浙江节度副使，准备从杭州移军扬州，路过金陵，金陵之人就大摆庆宴为他饯行。这饯行宴会上需要一位写篇序文之人，李白就被认为是最合适的人选了。

酒过三巡，李白挥笔成书，文不加点，一挥而就，便有了《饯李副使藏用移军广陵序》。众人都想听听这序文，李白就念来听听："……我副使李公，勇冠三军，众无一旅。横倚天之剑，挥驻日之戈。……上可以决天云，下可以绝地维。翕振虎旅，赫张王师，退如山立，进若电逝。转战百胜，僵尸盈川。水膏于沧溟，陆血于原野。一扫瓦解，洗清全吴。可谓万里长城，横断楚塞。……"

席间，李藏用和坐上的崔太守都面露赞扬之色。"……功大用小，天高路遐。社稷虽定于刘章，封侯未施于李广。使慷慨之士，长吁青云。且移军广陵，恭揖后命。……"李藏用听得十分认真。

最后："箫鼓沸而三山动，旌旗扬而九天转。……歌酣易水之风，气振武安之瓦。海日夜色，云帆中流。席阑赋诗，以壮三军之事。白也笔已老矣，序何能为！"崔太守拍案而起，拍手拍地带动了所有的人。

李藏用也大加赞扬，直夸得这文章真是叱咤风云、气壮三军，一点儿不见老啊！

李藏用赞叹李白的文笔，聘请他入幕。李白凭借自己的文采，在暮年获得了些润笔之资，足够他还那些酒债了。

这年四月，楚州刺史表奏，有尼真如，恍惚登天，见上帝，

我辈也是蓬蒿人 李白诗传

赐以宝玉十三枚。说这是："中国有灾，以此镇之。"群臣称贺，于是就改元宝应。这批宝玉也确实应了验，就在这年五月，唐玄宗和唐肃宗都先后升了天，唐肃宗刚宾天，宫里就乱成了一锅粥。最后干预政党的皇后党都没什么好下场，死的死，流放的流放。宦官党胜利后，李辅国便拥立太子李豫为皇帝，是为唐代宗。

李白在江东听闻后，却没什么过多的情绪。这件事传到民间之时已经是数月之后了，早已是过时的新闻，而且值得李白挂心的，却是在中原的战事。

这年的初秋时节，贼人再起，睢阳再次沦陷。天下兵马大元帅李光弼奉命出镇临淮。准备去收复睢阳，阻止贼军继续南下。睢阳是李白多年的客居之地，特别是在与宗氏结婚之后，这里更是成了他的家乡。此消息传来，李白不禁有些感慨，也有些激动。他忘记了自己已是年逾花甲的老人，却想马上赶到徐州彭城去请缨杀敌。

听闻李光弼是位军纪严明、战功赫赫的将军，更加得到众多士卒的一致肯定和追随。李白想着，如果在他的帐下效力，那么自己这身老骨头就算是死在沙场，也是大快人心的一件事，也算是了了这一生所追求的报国之心愿。

于是，李白便将自己的宝剑擦得雪亮，又买来一匹好马，气宇轩昂地从金陵出发了。他想着自己到了彭城，就会得到李光弼的赏识，然后自己便在军营中建功立业，大展宏图。可是自己还没到彭城，却连人带马一同病倒了。

李白真是无奈，想着这身子真是老了，连这点路途的折磨都受不住了，居然病得这么没有预兆，自己也只是走了几步路而已。尔后，李白便想着自己要去哪里，是回到豫章吗，哪能再麻烦宗璟呢！还是到东鲁去，可那里还在叛军的统治之下，而西蜀东川节度兵马使段子璋也在为乱做祸。

李白实在是无处可去了，不得以将李阳冰认作了从叔，写了首《献从叔当涂宰阳冰》，作为见面礼。就这样，去了李阳冰的住处。

李阳冰热情地接待了李白，这让李白在穷途末路之际感到了莫大的感动。李白病得突然，也病得厉害。李阳冰不惜重金聘请大夫前来医治，由于病得实在过重，所以一时间很难见效。李白在病床上躺了几个月，眼看到年底了。李阳冰在当涂任职期满，必须要在年底之前回京述职，并且要听候朝廷另行委派人员。

可是李白重病，李阳冰不忍心让李白独自在这里。正左右为难，突然间想到宗氏和伯禽，就将这两人接来，再在城外青山脚下给李白安了一处住所，留下了一些钱财，这才算放了心。

李阳冰对李白真是仁至义尽。在李阳冰离去的前几日，他在李白的床前，被李白抓着手好半晌。其实李阳冰知道，李白是语言无法表达对自己的感激之情，只能用行动来证明。其实，李白也是另有相求，他想将自己的诗稿托付给李阳冰，也算是了了自己的一块心病，并且讲述了自己的平生经历和遭遇。李阳冰听了以后，便将李白的身世都记了下来，熬了三夜写成了《草堂集序》。洋洋洒洒一篇文章，讲述了李白这一生的荣华富贵和辛酸历史。

李阳冰走前的那日，将这篇文章呈到李白面前，从头到尾念

我辈岂是蓬蒿人 李白诗传

了一遍给李白听，李白那枯黄的面庞露出欣喜之情，两人最后挥泪而别，很是不舍。

李白的病病得奇怪，连金陵的名医都齐呼束手无策，李白自己也以为是大势将去了。以至于李阳冰在接受李白的诗稿时，李白像是在交代后事一般。很奇怪，李白在听闻"安史之乱"完全平定的消息之时，却不知道从哪里迸发出来的生命力量，李白身上病魔渐渐地退去了。

正逢早春时节，涂青山上的积雪还没有完全地化净，谢公池却长出了星星点点的青草，谢公亭下更是绽放了迎春花。山鸟阵阵的欢呼声像是召唤李白一般，生生脆响。李白拄着拐杖在院中漫步，远眺青山上的点点绿意，直到日暮下山，才踱步下山，看着伯禽前来接自己，有感而发，吟成了一首《游谢氏山亭》：

> 沦老卧江海，再欢天地清。
>
> 病闲久寂寞，岁物徒芬荣。
>
> 借君西池游，聊以散我情。
>
> 扫雪松下去，扪萝石道行。
>
> 谢公池塘上，春草飒已生。
>
> 花枝拂人来，山鸟向我鸣。
>
> 田家有美酒，落日与之倾。
>
> 醉罢弄归月，遥欣稚子迎。

想必，安度晚年，就是这种感觉吧！

一代诗仙，青史留名

　　满园春色渐渐了却了幽怨，而在最落寞不堪的岁月里，有人关心照顾，又是怎样地感动和怀念。李白的心绪，就像那漂浮的浮游一样，没有归宿，却还是找到了温暖。

　　李阳冰虽然对李白极尽心力，但是一个小小的县令又会有多少钱财和能力呢？他那价值千钱的书法，在乱世之年偏偏不值钱。

　　李白为了不让好友为难，就选择了在暮春时节出游宣城。宣城现在换了刺史，并不是别人，正是永王曾经倚重的大将季广琛。他现在又为朝廷所重用，不仅是宣州刺史，更是兼任浙西节度使。

　　李白想要试探季广琛，却不想季广琛爽快地接待了他。原来是节度副使刘某有功未叙，季广琛有意让他进朝为官，所以在第二日的钱别会上，他需要人赋诗钱行。李白也正是巧合，做了季广琛的座上客。李白在宴会上写了一首《宣城送刘副使入秦》。李白正想着季广琛会赏识自己，然后未来的路就会平步青云，可

我辈也是蓬蒿人　李白诗传

是却没想到宴会刚刚结束，就有人送来盘缠，打发他走。

李白愣了半晌，却也想到了，原本这季广琛就不应该接触自己的，自己已经是有牢狱之灾的不祥之人，而自己的经历，又让多少人疏远了自己！

出了北门，李白站在城墙下久久不能释怀，便念了《诗经·北门》一诗："出自北门，忧心殷殷。终窭且贫，莫知我艰。已焉哉！天实为之，谓之何哉……"

从那以后，李白重游了很多地方。南陵已经不是当年光景，一片荒凉之中却连曾经吃过的小饭馆都已经破败不堪了，里面更是空无一人。

李白找了间茅舍住了下来，这不眠之夜，他将这天所见所想都写成了一首《宿五松山下荀媪家》：

> 我宿五松下，寂寥无所欢。
> 田家秋作苦，邻女夜春寒。
> 跪进雕胡饭，月光明素盘。
> 令人惭漂母，三谢不能餐。

李白重游泾县，也是不见故人。到了桃花潭附近的汪家村，想到当年在岸边手舞足蹈的汪伦，心中感慨万千，不知汪伦今日如何。桃花潭干涸了，村民不知去向，连潭边的荷花都已经枯萎。

李白走过很多旧地，见到大多都是民不聊生，满目疮痍。哪里才是他的落脚之地，哪里才有他的终老之所。天地宽阔，却不见自己的家在何处，却不见自己的朋友在哪里。这又是多么令人伤心的事情。

李白无奈之下，只好去寻纪叟。那是在宣城中，李白唯一的故友了。他想去寻求一些人间的温情，得到的消息却是，纪叟已经在去年过世了。想着好友纷纷地离世，自己寻求不到一丝安慰，想想全宣城，竟然找不到一处可以落脚的地方。李白清泪数行，渐渐地抽噎，最后号啕大哭起来。

李白不禁吟了一首《哭宣城善酿纪叟》：

纪叟黄泉里，还应酿老春。

夜台无李白，沽酒与何人？

李白又去了敬亭山，那里有他"相看两不厌"的伙伴。这敬亭山倒是风景依旧，却听得那杜鹃的声声呼叫，它们像是在哭诉"不如归去，不如归去……"，可偏偏是这个时候，李白却听着像是刺在心尖上一样，听着心疼。李白只好再回到当涂。幸好李阳冰的门人为李白送来些钱财，也为伯禽找了份勉强可以糊口的差事，李白才免得在晚年经受饥饿之苦。

天地再清，李白却面临绝境。白发苍苍的李白站在青山下的溪水旁，不断地问那清澈的溪水中的倒影："你是谁？"正是这句"你是谁"，道出了李白百般的愁绪和怅然。满头白霜的自己

我辈岂是蓬蒿人 李白诗传

已经不是当年意气风发的模样，却也在这岁月的长河中，涤净了心中的种种偏执。变成了一个无欲无求的老人，只是心中还有些伤感，涤不净了。一位形容枯槁的老人，在采石矶上狂歌："笑矣乎，笑矣乎！君不见曲如钩，古人知尔封公侯。君不见直如弦，古人知尔死道边……"

一日夜里，长江之上，皓月当空，清风徐来，却见流光万里，水波不兴。时间已经是午夜，却正是万籁俱寂，江声微微的情景，静谧得有些不忍。这时，空中慢慢地响起一位老人《临路歌》的歌声：

大鹏飞兮振八裔，中天摧兮力不济，余风激兮万世，游扶桑兮挂左袂。后人得之传此，仲尼亡兮谁为出涕？

歌声时而抽噎，时而振奋，时而悲痛，时而高昂，像是在叙述一只大鹏鸟儿的悲剧：那时的它曾名震四方，却从空中被人拽下，折断了翅膀。是它的力量不足以抗拒外人的折磨，还是老天爷就是在给它这般考验，看它是否还能再次展翅翱翔？它嫌天地空间狭小，它的左袖挂满了扶桑，它希望后人会记得有这样一只大鹏鸟的故事，然后向千千万万的人去传诵。孔子曾经为了出现在乱世的麒麟悲伤，而谁又会来为它——这生不逢时的大鹏鸟，真心实意地哭一场？

李白究竟是死于何年何月，至今难以确定，只知道在唐代宗广德二年（764 年）正月间，朝廷下诏命天下诸州推举堪任御史、谏官、刺史、县令的人才，李白被推举了，官拜左拾遗，而当喜讯到达的时候，李白已经不在人世了。

李白究竟是因病去世，还是溺水而亡，抑或是失足落水、投江自尽都不得而知。只知道自唐宋以来的十余种碑志传序中，除了两三种是病死之外，其他皆是各种各样的死因。

李白的族叔李阳冰在《草堂集序》中也只是说道"疾亟"，并没有说死因。另一位族叔李华所作的墓志中也只是说了"赋临终歌而卒"，没详说细节。

各有各的说法，所以，对于这位伟大的诗仙之死的真相，永远掩埋在了时光深处，成了千古的谜团，世人难解。

李白的这一生都怀抱着自己的政治理想，虽然屡败，但却不馁，虽上下追寻，却始终在政治上没什么建树。他成为中国历史上最伟大的诗人。李白生活的年代，正是大唐由盛转衰、社会政治文化都发生急剧变化的历史转折时期，作为这个重要关头的见证人，李白的诗篇中也是有很多这个历史中知识分子独有的精神，那种矛盾和痛苦，在诗文中一览无余。

李白的诗篇中，抒发了很多关怀国家、关怀人民的思想，也高亢地唱出了极具浪漫主义色彩的政治理想。他想像大鹏鸟那样展翅翱翔在万里碧空，却不想现实的残酷却教人有志不得抒，残酷地剥夺了作为一位诗人的骄傲和信心。

李白的这一生虽然不如自己的心愿，却也是过得极为精彩，也算得上是豪杰，算得上是当世的英雄。

李白的一生都在寻找自己的梦想，却在兜转中偏离了轨迹。

孤傲落寞的他留下了很多岁月的明珠供世人欣赏，而得意时候的他也会得到世人的肯定。其实不用得到自己想要的生活，就算是这样，也在唐朝的历史中，留下了浓墨重彩的足迹。

这，就是李白。

图书在版编目 (CIP) 数据

　　我辈岂是蓬蒿人：李白诗传 / 柳夏著 . -- 北京：
中国华侨出版社，2019.8（2020.7 重印）
　　ISBN 978-7-5113-7935-1

　　Ⅰ . ①我… Ⅱ . ①柳… Ⅲ . ①李白（701-762）—唐
诗—诗歌欣赏②李白（701-762）—传记 Ⅳ .
① I207.227.42 ② K825.6

　　中国版本图书馆 CIP 数据核字（2019）第 150167 号

我辈岂是蓬蒿人：李白诗传

著　　者：柳　夏
责任编辑：刘雪涛
封面设计：冬　凡
文字编辑：贾　娟
美术编辑：李丹丹
经　　销：新华书店
开　　本：880mm×1230mm　1/32　印张：8　字数：230 千字
印　　刷：三河市京兰印务有限公司
版　　次：2020 年 1 月第 1 版　2021 年 10 月第 4 次印刷
书　　号：ISBN 978-7-5113-7935-1
定　　价：35.00 元

中国华侨出版社　北京市朝阳区西坝河东里 77 号楼底商 5 号　邮编：100028
法律顾问：陈鹰律师事务所
发 行 部：（010）88893001　　　传　　真：（010）62707370

如果发现印装质量问题，影响阅读，请与印刷厂联系调换。